Schriften des deutschen Vereins

für

Armenpflege und Wohlthätigkeit.

Sechsundzwanzigstes Heft.

Fürsorge für arme Schulkinder durch Speisung bezw. Verabreichung von Nahrungsmitteln. — Handhabung der Bestimmungen betr. den Verlust des Wahlrechts bei Empfang öffentlicher Armenunterstützungen.

Leipzig,
Verlag von Duncker & Humblot.
1896.

Fürsorge für arme Schulkinder

durch

Speisung, beziehungsweise Verabreichung von Nahrungsmitteln.

Handhabung der Bestimmungen

betreffend

den Verlust des Wahlrechts

bei Empfang öffentlicher Armenunterstützungen.

Leipzig,
Verlag von Duncker & Humblot.
1896.

Alle Rechte vorbehalten.

Inhaltsverzeichnis.

	Seite
Fürsorge für arme Schulkinder durch Speisung bezw. Verabreichung von Nahrungsmitteln. Von Magistrats-Assessor Cuno-Berlin	1
Handhabung der Bestimmungen betr. den Verlust des Wahlrechts bei Empfang öffentlicher Armenunterstützungen	23
I. Vorbericht	25
II. Bericht von Landrichter Dr. P. F. Aschrott-Berlin	37
III. Bericht von Stadtrat Dr. Flesch-Frankfurt a. M.	49
Anlage 1	54
Anlage 2 (zum Vorbericht): Bericht von Dr. G. Berthold-Berlin	56

Fürsorge für arme Schulkinder durch Speisung bezw. Verabreichung von Nahrungsmitteln.

Von

Magistrats-Assessor C u n o - Berlin.

Die Frage der Fürsorge für arme Schulkinder durch Speisung ist bereits bei früheren Verhandlungen des Vereins gestreift worden. In seinem für die Jahresversammlung in Kassel im Jahre 1889 erstatteten Referat über den Stand der Ferienkolonien, oder allgemeiner der Sommerpflege für arme Kinder wies Herr Stadtrat Röstel darauf hin, daß gerade bei den ärmsten Kindern am wenigsten auf einen dauernden Erfolg der Ferienkolonien zu rechnen sei, daß diese Kinder, in ihre alten trostlosen Verhältnisse zurückgekehrt, infolge schlechter Ernährung u. s. w. sehr bald dem früheren Siechtum wieder verfallen, sodaß die Ausgabe für die Sommerpflege ganz umsonst sei.

Er zog hieraus den Schluß — nicht, daß man diese Ärmsten von den Ferienkolonien ausschließen solle, sondern umgekehrt, daß die Gesellschaft sich auch über die Zeit der Sommerferien hinaus dieser ärmsten Kinder annehmen und durch weitere Milchpflege, Suppenküchen, Verabreichung von Frühstück für sie insbesondere während der bösesten Zeit des Winters sorgen müsse. Es konnte damals von einer solchen Fürsorge für die Ferienkolonisten und allgemein für Schulkinder beispielsweise aus Bremen, Stettin, Kassel, Gera, Berlin und Posen berichtet werden. Der damalige Referent legte dar, wie man gerade durch die Bestrebungen zur Hebung des Gesundheitszustandes armer und schwacher Schulkinder durch Ferienkolonien, Milchstationen u. s. w. zur Erkenntnis der Thatsache gekommen sei, daß in vielen Städten Tausende von Kindern des Morgens zur Schule kommen, ohne das geringste genossen zu haben, wie sich hier aus der Beschäftigung mit einer Aufgabe der Wohlthätigkeit neue Aufgaben erschließen, von denen man vorher keine Ahnung gehabt hat. —

Es ist wohl nicht zu verkennen, daß die damalige Anregung der weiteren Ausgestaltung der Fürsorge für Schulkinder durch Gewährung von Nahrungsmitteln förderlich gewesen ist. Auch anderweite Bestrebungen der Fürsorge für arme Kinder führten zu einer Speisung der versorgten Kinder; insbesondere die Kinderhorte gewähren wohl allgemein den in ihnen verpflegten Kindern auch zugleich Beköstigung. Handelt es sich doch bei ihren Zöglingen meist um solche Kinder, deren Eltern über Tag auf Arbeit sind und daher die Fürsorge für ihre Kinder, also auch die für ordnungsmäßige Ernährung derselben nicht übernehmen können.

Die Fürsorge für die Ernährung der Schulkinder hat sich indessen doch wohl schon früher und unabhängig von anderen Bestrebungen entwickelt; der Mißstand, daß Kinder ohne jede Nahrung zur Schule kamen und gezwungen waren, in diesem nüchternen Zustande stundenlang dem Unterricht zu folgen, daß Kinder den ganzen Tag hindurch, auch im kältesten Winter, ohne warme Nahrung blieben und erst spät abends bei Rückkehr der Eltern notdürftig warme Kost erhielten, daß nicht selten die Ernährung der Kinder der armen Bevölkerung eine völlig ungenügende, zur gesunden Entwicklung unzureichende sei, konnte nicht unbemerkt bleiben.

In Berlin beispielsweise hat die regelmäßige Frühstücksverteilung an arme Schulkinder durch den 1876 gegründeten Verein zur Speisung armer Kinder und Notleidender im Jahre 1884 begonnen; ältere ähnliche Bestrebungen mögen schon bestanden haben, doch scheint gerade das Vorgehen des genannten Berliner Vereins für weitere Ausdehung der Schulspeisung in Deutschland und im Auslande vorbildlich geworden zu sein. Vielfach haben wohlthätige Vereine die Schulspeisung übernommen; in immer wachsendem Maße haben auch die Gemeindeverwaltungen selber sich der Fürsorge angenommen[1]. Unter dem Eindruck der besonders ungünstigen wirtschaftlichen Verhältnisse der ärmeren Bevölkerungsklassen in einzelnen der letzten Jahre bei besonders strengem Winter haben weiterhin Stadtverwaltungen, Vereine und zu diesem Zweck besonders gebildete Komitees die Speisung armer Schulkinder veranlaßt. Eigentümlich dieser Art Fürsorge auch da, wo die Privatwohlthätigkeit eintritt, ist das fast überall zu beobachtende enge Zusammengehen mit der Gemeindeverwaltung, insbesondere der Schulverwaltung.

Die Lehrer sind es ja, denen in erster Linie der vorhandene Notstand erkennbar wird, die die ungünstigen Wirkungen der ungenügenden Ernährung in dem körperlichen Befinden und dem Verhalten der Kinder in der Schule beobachten können. Sie werden daher meist bei Auswahl der zu bedenkenden Kinder in erster Linie gehört. Nicht selten sind es die Leiter des Unterrichtswesens der Gemeinde gewesen, welche die Privatwohlthätigkeit für diese Art der Fürsorge angeregt und organisiert haben.

Infolge der Verschiedenheit der Gesichtspunkte, von denen aus die Fürsorge in Angriff genommen wurde, hat sich die Art derselben verschiedenartig gestaltet. Soweit man an die Beobachtungen anknüpfte, auf die insbesondere die Schule die Aufmerksamkeit lenkte, daß viele Kinder des Morgens ohne jegliche Nahrung oder ungenügend genährt zur Schule kamen und stundenlang mit hungrigem Magen dem Unterricht folgen sollten, daß diese Erscheinung gerade in den kalten Wintermonaten, in denen sie besonders nachteilig und gesundheitsschädlich wirken mußte, vorzugsweise hervortrat, hat man die Spendung eines warmen Frühstücks an diese Kinder, sei es vor Beginn des Unterrichts, sei es in der größeren Pause zwischen den Unterrichtsstunden für notwendig und ausreichend erachtet. Sofern einzelne

---

[1] Vgl. die von der London Dinner Association preisgekrönte Schrift des Pfarrers P. Cesar aus St. Imier (Schweiz): Les soupes scolaires, übersetzt von Frau Agnes Blumenfeld. Berlin 1892.

Kinder an Tagen, an welchen vor- und nachmittags Unterricht stattfindet, wegen des weiten Schulweges über Mittag nicht nach Hause gehen konnten, hat man für solche durch Gewährung von Mittagessen Fürsorge getroffen. Bei dieser Art der Gewährung von Unterstützung ist also der Gesichtspunkt wesentlich bestimmend, die Kinder in der Schule leistungsfähig zu erhalten, sie instand zu setzen, dem Unterricht zu folgen. Daneben haben aber allgemeine Beobachtung über die Lage vieler Kinder der ärmeren Bevölkerung zu weitergehenden Maßnahmen geführt. Man hat vielfach — teilweise neben den die armen Familien mit warmer Kost versorgenden Suppenanstalten u. dgl. — besondere Einrichtungen getroffen, um armen Kindern warmes Mittagessen zu gewähren. Man ist schließlich zur Einrichtung von Kinderspeiseanstalten, Kinderküchen gekommen, in denen Kinder außerhalb ihrer Familie, an langen Tafeln sitzend, gespeist werden, in Deutschland allerdings bisher nur vereinzelt, in größerem Umfang anscheinend im Auslande.

Über Umfang und Art der Schulspeisung in Deutschland giebt die nachstehende, auf Grund der Angaben der meisten deutschen Städte über 20 000 Einwohner gefertigte Zusammenstellung Auskunft. Außer Betracht geblieben sind dabei, wie bei der ganzen Erörterung, diejenigen Veranstaltungen, die sich nur als Nebeneinrichtungen anderer Fürsorgethätigkeit darstellen, insbesondere also Einrichtungen von Kinderhorten, in denen die Kinder während der schulfreien Zeit beschäftigt werden und zugleich Beköstigung erhalten. Solche Einrichtungen bedürfen besonderer Beurteilung, die außerhalb des Rahmens dieser Arbeit liegt. Das hat allerdings zur Folge, daß einzelne Städte, in denen in umfassender Weise für Unterbringung der Kinder in Kinderhorten, insbesondere auch von Gemeindewegen, gesorgt ist, in der Zusammenstellung außer Betracht bleiben, weil die gedachte Einrichtung die besondere Schulspeisung entbehrlich macht. (Potsdam, Mühlhausen i. Th., Erfurt, Hanau, Gießen, Zeitz.)

(Folgt S. 6—9.)

Aus den Berichten der einzelnen Städte seien im folgenden einige allgemeinere Gesichtspunkte bietende Angaben hervorgehoben:

Berlin: Der Verein zur Speisung armer Kinder und Notleidender bewirkt seit dem Jahre 1884 die Verteilung von Frühstück an bedürftige Schulkinder. Der Verein steht in Fühlung mit der städtischen Schulverwaltung, welche die zur Feststellung des Bedarfs erforderlichen Erhebungen veranlaßt. Die Rektoren und Lehrer bezeichnen die der Spende bedürftigen Kinder. Es wird in den Schulen Frühstück gereicht, teils vor Beginn des Unterrichts, hauptsächlich in der Pause um 10 Uhr. Die Verteilung wird in möglichst diskreter Weise bewirkt, so daß die Kinder das Frühstück thunlichst gemeinschaftlich mit den andern Kindern verzehren. Bedacht werden auf diese Weise während der Wintermonate 4—5000 Kinder. Die Stadt zahlte dem Verein für seine Zwecke einen Jahresbeitrag von 3000 Mk. Der Verein der Rektoren Berliner Gemeindeschulen entsendet 3 Delegierte in den Vorstand. Der Verein unterstützt außerdem arme Familien durch Verteilung von Lebensmitteln, sucht also die Eltern in stand zu setzen, selbst ihren Kindern das Mittagessen zu reichen. — Im Jahre 1893 rief der Kaufmann Her-

A. Großstädte über 100 000 Einwohner.

Lfd. Nummer	Name des Ortes	Zahl der die Volksschule besuchenden Kinder	Durchschnittszahl der versorgten Kinder	niedrigste und höchste Zahl	%	Art der Speisung	Gesamtkosten M.	Kosten der Portionen Pf.	Zuschuß der Gemeinde M.	Bemerkungen, ob die Einrichtung von der Stadt getroffen ist
1	Altona	20 587	90	20—200	½	Mittagessen	9000	5	3000	
2	Berlin	188 375	8000	7300—9500	4—5	a) Frühstück 4000 b) Mittagessen 4000	?	8 5	—	
3	Braunschweig	7 631	140		2	Frühstück	1009	5½	500	
4	Breslau	45 214	1000		2	"	5300	11	—	
5	Danzig	12 000	819		7	"	3197	9	1000	
6	Dortmund	18 549	537		3	"	3875	20	—	
7	Dresden	28 000	1300		4½	a) Suppe b) (Gemüse u. Fleisch	3000	18	—	
8	Düsseldorf	24 370	1000		4	Mittags Suppe	?	8	—	
9	Elberfeld	21 867	700		3½	Frühstück	3450	8,5	—	
10	Frankfurt a. M.	13 183	500		4	Frühstück	5500	3,3	—	
11	Halle a. S.	9 235	1077		11	1 Frühstück	2055	15	2055	Stadt
12	Hamburg	68 347	1300		2	Mittagessen	40 000	5	12 000	
13	Hannover	21 300	720		3½	Frühstück	5500	10	—	
14	Köln	—	550		—	Mittagessen	5000	3	—	
15	Königsberg	12 000	2400		20	a) Frühstück 1600 b) Mittagessen 800	2000	10—30	—	Stadt
16	Leipzig	59 000	1465		2½	Frühstück	?	—	—	
17	München	37 430	800		2	Mittags Suppe	—	—	—	
18	Nürnberg	16 500	40		—	Frühstück	500	—	—	
19	Stettin	13 400	400		3	Mittagessen	3200	13	—	
20	Stuttgart	9 527	642		7	1 Frühstück	10 000	—	—	

Nachrichten fehlen aus Bremen und Barmen. Keine Einrichtungen bestehen in Aachen[1], Charlottenburg, Magdeburg[1], Straßburg i. E. Das Bedürfnis wird verneint zu Crefeld[1].

[1] Siehe unten S. 14 u. 15.

Fürsorge für arme Kinder durch Verabreichung von Nahrungsmitteln. 7

B. Städte von 50—100 000 Einwohnern.

Lfd. Nummer	Name des Ortes	Zahl der Volksschule besuchenden Kinder	Durchschnittszahl der versorgten Kinder	niedrigste und höchste Zahl	%	Art der Speisung	Gesamtkosten M.	Kosten der Portionen M. Pf.	Zuschuß der Gemeinde M.	Bemerkungen, ob die Einrichtung von der Stadt getroffen ist.
1	Augsburg	8 000	?	—	—	a) Frühstück b) Mittagessen	—	—	—	
2	Bochum	9 800	240	—	2½	Frühstück	750	7—8	—	
3	Darmstadt	4 036	897	—	22	Frühstück	7040	8	—	
4	Essen	18 000	—	150—480	1—2½	Frühstück	1762	—	4000	Stadt
5	Freiburg i. Br.	4 342	350	300—400	7—9	Frühstück	3641	8⅓	3641	
6	Görlitz	7 910	290	—	3½	Mittags Suppe	1000	6—7	—	Stadt
7	Karlsruhe	2 000	45	—	—	1 Frühstück	—	—	—	
8	Kassel	7 667	224	—	3	Frühstück	816	—	—	
9	Kiel	9 160	264	—	3	Mittagessen	1510	—	—	
10	Liegnitz	6 100	500	217—289	8½	Frühstück	464	10—11	—	
11	Mainz	6 857	756	—	11	„	2654	3	2654	Stadt
12	Mannheim	9 170	1300	—	14	„	7000	4,8	7000	Stadt
13	Metz	3 550	395	—	11	„	3000	7	3000	Stadt
14	Mülhausen i. E.	8 900	—	—	—	„	?	10	—	Stadt[1]
15	Posen	6 000	—	—	—	„	—	—	500	
16	Schöneberg	—	—	—	1	—	—	—	—	Gemeinde[2]
17	Spandau	6 473	50	—	—	—	—	—	—	
18	Wiesbaden	3 945	540	—	13	—	2000	5½	—	
19	Zwickau	—	einzelne	—	—	—	—	—	—	

Keine Einrichtungen bestehen in Duisburg, Erfurt (Kinderhort), Frankfurt a. O., M.-Gladbach, Münster, Potsdam (Kinderhort), Rixdorf, Würzburg (Kinderhort). Das Bedürfnis wird verneint für Lübeck; Nachricht fehlt aus Plauen i. B.

---

[1] Wird im nächsten Winter in Kraft treten.
[2] Nähere Auskunft wurde mit der Begründung verweigert, daß die Verabfolgung möglichst diskret behandelt werden soll.

C. Städte von 25—50000 Einwohnern.

Lfd. Nummer	Name des Ortes	Zahl der die Volksschule besuchenden Kinder	Durchschnittszahl der versorgten Kinder	niedrigste und höchste Zahl	%	Art der Speisung	Gesamtkosten M.	Kosten der Portionen Pf.	Zuschuß der Gemeinde M.	Bemerkungen, ob die Einrichtung von der Stadt getroffen ist.
1	Bamberg	3600	130	—	3½	Mittagessen	—	8—10	1000	—
2	Beuthen O.-Schl.	4566	250	—	5½	1 Frühstück	1600	—	600	Außerdem 256 gegen halbe, 377 gegen volle Zahlung; zusammen 1032 = 24 %
3	Bielefeld	4300	399	—	9	"	1854	6¼	—	Stadt
4	Brandenburg a./H.	4032	333	—	8	Mittagessen	1586	6¼	1586	—
5	Dessau	3800	250	—	6½	"	1100	10	150	—
6	Elbing	542	4	—	1	1 Frühstück	12	¾	—	Bisher nur in einer Schule
7	Fürth	5600	60	—	1	"	300	12	—	—
8	Gelsenkirchen	5300	—	150—400	3—7½	Frühstück und Mittagessen	2800	11⅔	—	—
9	Gera	—	—	—	12	Frühstück	850	—	500	Stadt[1]
10	Göttingen	1700	200	—	4	1 Frühstück	565	6½	565	Stadt
11	Halberstadt	3900	155	—	1½	"	—	—	—	Stadt
12	Heilbronn	2900	50	—	9	"	—	—	—	Stadt[1]
13	Kaiserslautern	—	237	—		1 Frühstück	—	—	—	
14	Koblenz	3397	300	—	4	"	1673	10	1673	Gemeinde
15	Ludwigshafen	4478	240	—	11	"	650	7	—	
16	Mülheim a./Ruhr	5672	325	—	4	Mittagessen	—	10	—	
17	Nordhausen	2894	192	—	3½	1 Frühstück	586	11	586	Gemeinde
18	Oberhausen	5335	120	—		"	—	9	—	
19	Pforzheim	3897	50	—	16	"	—	—	—	Nur in der Bezirksschule zu Hafen
20	Remscheid	293								

[1] Wird im nächsten Winter in Kraft treten.

Fürsorge für arme Schulkinder durch Verabreichung von Nahrungsmitteln.

Lfd. Nummer	Name des Ortes	Zahl der die Volksschule besuchenden Kinder	Durchschnittszahl der versorgten Kinder	niedrigste und höchste Zahl	%	Art der Speisung	Gesamtkosten M.	Kosten der Portionen Pf.	Zuschuß der Gemeinde M.	Bemerkungen, ob die Einrichtung von der Stadt getroffen ist.
21	Schweidnitz	2839	36	—	1	Frühstück	79	3¹/₃	79	Gemeinde[1]
22	Solingen	6985	120	—	4¹/₂	"	—	6¹/₂	—	
23	Stralsund	2548	—	60—100	2—3	"	700	5	—	
24	Stargard	3000	—	—	7	"	400	4	400	
25	Worms	3800	267	—	7	"	576	—	500	
26	Weißenfels	1700	35	—	2	Mittagessen	500	—	—	Gemeinde

Nachrichten fehlen aus 11 Städten. Ein Bedürfnis wird verneint für Bonn, Hanau, Hildesheim und Regensburg; außerdem sind 23 Städte ohne bezügliche Einrichtung.

D. Städte von 20—25 000 Einwohnern.

Lfd. Nummer	Name des Ortes	Zahl der die Volksschule besuchenden Kinder	Durchschnittszahl der versorgten Kinder	niedrigste und höchste Zahl	%	Art der Speisung	Gesamtkosten M.	Kosten der Portionen Pf.	Zuschuß der Gemeinde M.	Bemerkungen
1	Apolda	3400	—	2—10	—	Frühstück oder Mittag	80—100	10	50	
2	Cöthen	1636	97	—	6	a) Frühstück 26 b) Mittag 70	50 361	3 12	— 361	Gemeinde
3	Düren	3541	—	280—338	8—9	a) Frühstück 80 b) Mittag 200—250	1495 2623	9 11	— —	
4	Eisleben	3300	350	—	11	a) Frühstück 200 b) Mittag 200	— 2264	7 12	— —	
5	Erlangen	1248	100	—	5	Frühstück	—	15	—	
6	Gießen	1700	83	—	5	"	—	7	—	
7	Glauchau	4500	60	—	1¹/₂	"	—	—	—	
8	Meiningen	3061	182	—	6	1 Frühstück	1196	5¹/₂	1196	Gemeinde
9	Meißen	1925	80	—	4	Mittagessen	750	12	—	
10	Oppeln	3427	—	90—250	2¹/₂—7¹/₂	"	—	—	—	
11	Quedlinburg	2273	125	—	5¹/₂	Frühstück	661	8	—	
12	Ratibor	2549	200	—	8	"	526	5	—	
13	Reichenbach	736	46	—	6	"	161	7	—	Nur evang. Schule
14	Wesel	2800	—	6—700	21—25	Mittagessen	3—5000	—	600	

[1] Wird im nächsten Winter in Kraft treten.

mann Abraham den „Verein für Kindervolksküchen" ins Leben, der sich zum Ziel setzt, armen Kindern täglich ein warmes Mittagessen unentgeltlich oder gegen geringe Zahlung von 5 Pf. zu gewähren. Der Begründer erzählt selbst, daß er im November 1892 durch einen Zufall zu der Beobachtung geführt sei, daß viele Kinder im Winter des warmen Mittagsessens entbehren und durch die gesammelten Erfahrungen zu der Überzeugung von der Notwendigkeit einer Abhilfe gelangt sei. Der Verein richtete besondere „Kindervolksküchen" ein, z. B. 10 in verschiedenen Stadtgegenden, in denen die Kinder mittags gespeist wurden. Zur Auswahl der zu bedenkenden Kinder wurde die Mithilfe der Rektoren und Lehrer der Gemeindeschulen in Anspruch genommen. Im Winter 1893/94 wurden gegen 4000 Kinder regelmäßig gespeist. Es wurden 236 000 Portionen unentgeltlich, 77 000 gegen Bezahlung von 5 Pf. verabfolgt. Im Winter 1894/95 stieg die Zahl der gespeisten Kinder auf 8000, die Zahl der unentgeltlich verabfolgten Portionen auf 793 000, der gegen Entgelt von 5 Pf. gewährten auf 202 000.

Das Vorgehen des neuen Vereins blieb nicht ohne Widerspruch. Der Verein der Rektoren der Berliner Gemeindeschulen sprach sich im Februar 1895 gegen die öffentliche Abspeisung der Schulkinder und für ein Zusammengehen von Armenpflege und Kinderspeisung aus. Es wurde zwar die gute Absicht des „Vereins für Kindervolksküchen" anerkannt, aber die öffentliche Speisung der Kinder außerhalb des Familienkreises für bedenklich erklärt, weil

1. Familiensinn und Zartgefühl der Kinder dadurch Einbuße leidet,
2. den Kindern gegenüber das Ansehen der Eltern gefährdet,
3. in den betreffenden Familien der Sinn für Wirtschaftlichkeit und Häuslichkeit untergraben wird,
4. auch sonst mancherlei Umstände damit verbunden sind. (Störung des Unterrichts bei Auswahl der Kinder und Verteilen und Kontrollieren der Marken, Drängen der Kinder vor der Thür der Suppenküche, welche Beaufsichtigung durch Schutzleute nötig macht, unredliche Verwendung von Marken.)

Der öffentlichen Abspeisung könne daher nicht Vorschub geleistet werden. Inzwischen hat der Verein eine Änderung seiner Organisation vollzogen. Es sind Lokalkomitees gebildet, welche die Verhältnisse der die Freispeisung nachsuchenden Kinder rücksichtlich der Bedürftigkeit zu prüfen haben; die Berechtigungskarte zur unentgeltlichen Speisung wird nur bis zum Schluß des Monats erteilt. Verlängerung tritt nur nach wiederholter Prüfung ein. Die Zahl der im Winter 1895/96 gespeisten Kinder ist auf 3500—4000, die Portionenzahl auf 331 000 bezw. 69 500 gesunken.

Eine ähnliche Konkurrenz zweier Vereine zeigt sich in

Dresden: Der Verein gegen Armennot und Bettelei gewährt seit 1884 als Mittagsspeise eine Suppe (Kosten der Portion 9 Pf.), welche in den Schulen verabreicht wird.

„Der Vorstand hat sich zu einer Mehrleistung deshalb nicht entschließen können, weil die Lehrer selbst, denen die Organisation dieser Kinderspeisung von Anfang überlassen worden ist, größeren Aufwand gar nicht für nötig gehalten und teilweise sogar widerraten haben. Man wird selbst ärmeren Eltern nur einen Teil der Fürsorge für ihre Kinder abnehmen dürfen und sich hüten müssen, das Ehrgefühl und die Selbstverantwortlichkeit der Väter und Mütter für das Wohl ihrer Kinder abzuschwächen. Es ist zu befürchten, daß bei Verabreichung von unnötigen oder überreichlichen Speisen oder bei dem Herausgreifen einzelner Schulen und der Bevorzugung einzelner Stadtteile in der Kinderwelt selbst Neid und Mißgunst erregt, oder daß bei Massenspeisungen die Annahme verbreitet wird, als ob die Gesellschaft überhaupt anstatt der einzelnen Familie für Ernährung der Kinder zu sorgen habe. Es könnte durch Überhäufung mit Gaben auch der Zuzug nach der Großstadt sehr leicht ganz unnötig vermehrt werden. Der Vorstand kann nur dringend bitten, die in dieser schwierigen Frage bereits gesammelten einheimischen und auswärtigen Erfahrungen auch in Dresden sorgfältig zu berücksichtigen, damit durch Überhäufung mit Gaben oder durch die Konkurrenz immer neuer Vereine dem Gemeinwohl nicht mehr geschadet als genützt werde."

Der Verein hat bis zu 1000 Kinder gespeist, 1895 34 518 Portionen verabfolgt. Anfang 1896 ist daneben ein „Verein zur Speisung bedürftiger Schulkinder" ins Leben getreten, der ausreichendes warmes Mittagessen, Gemüse mit Fleisch und Brot gewährt, die Speisung in Schankwirtschaften, getrennt von anderen Gästen, stattfinden läßt. Der neue Verein soll sich der Sympathie aller Bevölkerungsklassen der Stadt erfreuen. Im Winter 1896 sind 302 Kinder gespeist, im nächsten soll die doppelte Zahl gespeist werden, später noch mehr.

Breslau: Die Verabreichung warmen Frühstücks an notleidende Kinder der Volksschule liegt in den Händen des Stadtschulrats Dr. Pfundtner. Die Mittel werden durch Sammlungen und durch einen Zuschuß der Stadt von 650 Mk. aus dem Fonds ad pios usus und 500 Mk. aus Etatsfonds aufgebracht. Von 65 evangelischen Volksschulen wurden 47, von 44 katholischen 30 auf diese Weise versorgt. Für 15 evangelische und 14 katholische sorgte private Wohlthätigkeit. Bei 3 Schulen lag kein Bedürfnis vor.

Freiburg i. B.: „Bei der erstmaligen Abgabe der Schulsuppe im Winter 1886/87 meldeten sich 327 Kinder, welche Zahl in den folgenden Wintern noch gestiegen ist; darunter befanden sich auch Kinder vermöglicher Eltern, die sich die Suppe als zweites Frühstück gut munden ließen. Man sah sich daher veranlaßt, die wirklich dürftigen Kinder zu verzeichnen und nur diese zur Speisung zuzulassen.

Durch diese Ausscheidung wurden die „armen Kinder" gekennzeichnet, und die Folge war, daß manche Kinder teils aus eigenem Antrieb, teils auf Veranlassung der Eltern, die nicht als arm gelten wollten, wegblieben und die Frequenz im Winter 1892/93 auf 21 Schüler zurückging.

Zu diesem Rückgang hat offenbar auch der Umstand beigetragen, daß die wirklich dürftigen Kinder bezw. Familien bereits Suppe aus der Merianschen Stiftung erhielten, die nach Hause abgegeben wird."

Doch sind nach dem Bericht im Winter 1895/96 wieder 3—400 Kinder mit einem Kostenaufwand von 1600 Mk. gespeist worden. Ob später nach 1892/93 eine Änderung der Organisation eingetreten ist, ist nicht mitgeteilt.

In Hamburg hat das Armenkollegium im Jahre 1894 Erhebungen über den Umfang des bezüglich der Schulspeisung bestehenden Bedürfnisses veranstaltet. Auf Grund derselben wurde festgestellt, daß das Bedürfnis in den einzelnen Bezirken ein sehr verschiedenes sei und wurde daher beschlossen, von einer direkten amtlichen Veranstaltung abzusehen, dagegen die auf die Schulspeisung bezüglichen Bestrebungen der Privatwohlthätigkeit anzuregen und durch Gewährung von Beihilfen je nach dem Umfang des Bedarfs zu fördern. Diese Auffassung fand ihren Ausdruck in folgenden Beschlüssen des Armenkollegiums:

1. Das Bedürfnis der Teilnahme eines Bezirks an derartigen Einrichtungen muß auf Antrag des Bezirks durch die Kreisversammlung festgestellt werden.

2. Die bezüglichen Einrichtungen müssen die Gewähr bieten, daß das Bedürfnis in jedem einzelnen Falle nach individualisierenden Grundsätzen geprüft wird.

3. Den Organen der Armenpflege muß Gelegenheit gegeben sein, bei der Speisung solcher Kinder, welche dauernd unterstützten Familien angehören, sich gutachtlich zu äußern und von der Bewilligung der Speisung, von ihrem Beginn und ihrer Dauer in Ansehung dieser Kinder alsbald unterrichtet zu werden. Inwieweit der Wert der Speisung auf die Unterstützung anzurechnen ist, wird durch übereinstimmende Entscheidung des Bezirksvorstehers und des Pflegers festgestellt. Als allgemeiner Grundsatz gilt hierbei, daß da, wo die Unterstützung hauptsächlich für die Ernährung und Pflege der Kinder gewährt wird, die Unterstützung eine angemessene Verringerung erleidet, insbesondere also in den Fällen, in welchen die Unterstützung gerade im Hinblick darauf so reichlich bemessen ist, daß in dem Haushalte sich eine größere Zahl unerwachsener Kinder befindet. Im übrigen kann ein fester Maßstab, welcher der Berechnung des Wertes der Speisung zu Grunde zu legen ist, nicht gegeben werden; die Entscheidung muß dem freien und verständigen Ermessen der Pflegeorgane überlassen bleiben. Die Gewährung der Schulspeisung ist im Personalbuch, jedoch nicht in den Bezirkslisten oder =protokollen zu vermerken.

4. Die Armenanstalt muß in die Lage gesetzt sein, sich in die Einrichtungen für Schulspeisung einen Einblick zu verschaffen; es muß den von ihr abgeordneten Organen die Besichtigung der Speiseräume während der Zeit der Speisung, die Kenntnisnahme des Registerwesens, insbesondere in Bezug auf die Kinder dauernd unterstützter Familien, gestattet sein.

5. Unter diesen Umständen wird das Armenkollegium bereit sein, auf Antrag der betreffenden Verwaltung, deren Antrag gemäß 1 von den Bezirken und Kreisen zu begutachten ist, einen besonderen Zuschuß zu gewähren, welcher ungefähr dem Aufwande für die Kinder dauernd unterstützter Familien gleichkommt oder in anderer Weise, etwa durch unentgeltliche Hergabe von Speiseräumen, durch Übernahme der Kücheneinrichtungen u. dgl. innerhalb der etatsmäßigen Grenzen die bezüglichen Veranstaltungen zu unterstützen.

Fürsorge für arme Schulkinder durch Verabreichung von Nahrungsmitteln. 13

6. Auch ist das Armenkollegium bereit, die Schaffung neuer Einrichtungen durch Entsendung von Abgeordneten des Kollegiums und durch Mitteilung von Material zu unterstützen. Als eine Einrichtung, die den angedeuteten Voraussetzungen durchaus entspricht, wird die von dem Uhlenhorster Bürgerverein in Verbindung mit dem Wohlthätigen Schulverein zunächst für den Winter 1893 geschaffene Schulspeisung anerkannt und deren Nachbildung in denjenigen Bezirken, in denen ein Bedürfnis hierfür vorhanden ist, empfohlen.

Diesen Beschlüssen entsprechend ist die Schulspeisung in den meisten Bezirken durch den Wohlthätigen Schulverein und Lokalkomitees in den einzelnen Bezirken organisiert worden. Der Hauptwert ist gelegt auf eine zweckmäßige Verbindung der Organe der Privatwohlthätigkeit, der Schule und der öffentlichen Armenpflege, so daß nach allen Richtungen sowohl Würdigkeit wie Bedürftigkeit der zur Speisung zuzulassenden Kinder geprüft werden kann. Der zu durchlaufende Weg ist in der Regel der, daß die Hauptlehrer auf die der Speisung bedürftigen Kinder aufmerksam machen, sie in ein Register eintragen und demnächst einer besonderen Bewilligungskommission die Anmeldungen zur Prüfung übersenden; überwiegend wird diese Prüfung von den Organen der öffentlichen Armenpflege vorgenommen und demnächst die Speisung für kürzere oder längere Zeit bewilligt. Den Hauptlehrern ist die Befugnis eingeräumt, bis zur Entscheidung der Kommission die angemeldeten Kinder vorläufig an der Speisung teilnehmen zu lassen. Selbstverständlich ist es nicht ausgeschlossen, daß die Eltern oder die Kinder sich direkt bewerben, daß der Armenvorsteher oder Pfleger ein Kind empfiehlt, oder daß auch von anderer Seite auf die Notwendigkeit aufmerksam gemacht wird, ein Kind an der Speisung teilnehmen zu lassen; doch müssen sich alle diese Anmeldungen bei dem Hauptlehrer und demnächst bei der Bewilligungskommission konzentrieren und den mit der Prüfung der Verhältnisse betrauten Organen unterbreitet werden. Die Kontrolle erfolgt in der Regel durch Register, in einigen Bezirken auch durch Marken, welche täglich von den Hauptlehrern ausgegeben werden; außerdem wird an Ort und Stelle durch die Hauptlehrer und die teils aus den Lehrern, teils aus den Armenvorstehern und Pflegern, teils aus freiwilligen Helfern bestehenden Aufsichtsorgane die Kontrolle über die meist bekannten Kinder geübt. Unter diesen Umständen hat Mißbrauch der Speisung fast durchweg verhütet bezw. sehr bald abgestellt werden können.

Die Speisung besteht in der Gewährung warmen Mittagessens in besonderen Lokalen außerhalb der Schule. Der von dem hamburgischen Senat gewährte Zuschuß betrug im Winter 1895/96 12000 Mk., die Gesamtkosten ca. 40000 Mk.

Das Bedürfnis soll nach individualisierenden Grundsätzen geprüft werden. Insbesondere soll die Neigung von Eltern, die Pflicht zur Ernährung ihrer Kinder auf die Wohlthätigkeit abzuwälzen, nicht gefördert, die Zulassung zur Speisung daher regelmäßig nur da gewährt werden, wo Außenarbeit, Krankheit, zeitweilige Abwesenheit oder sehr große Bedürftigkeit der Eltern, besonders der Mutter, die Bereitung des Mittagessens im eigenen Hause unthunlich oder besonders schwierig machen.

In München bestehen z. Z. 12 städtische Suppenanstalten, welche in Schulhäusern untergebracht sind, als Einrichtungen der öffentlichen Armenpflege, welche auch den Aufwand hiefür bestreitet.

Die K. Kabinettskassa leistet einen Zuschuß von jährlich 2920 Mk. (täglich 100 Portionen Suppe à 8 Pf.). Die Einweisung in den unentgeltlichen Suppengenuß erfolgt durch den Armenpflegschaftsrat; die Beaufsichtigung der eingewiesenen Kinder während der Mittagszeit ist dem Lehrerpersonal übertragen. „Die Suppenanstalten, deren Entstehen bis zum Jahre 1790 zurückdatiert (Rumfordsche Suppenanstalt), erweisen sich als eine recht wohlthätige und nützliche Einrichtung. Sie entheben jene Eltern, welche tagsüber fern von ihrer Wohnung der Arbeit obliegen müssen, der Sorge für den Mittagstisch ihrer Kinder und gewähren denselben zugleich die Beruhigung, daß die letzteren während der freien Mittagszeit nicht sich selbst, sondern der Aufsicht der Schule überlassen sind, in welcher ihnen geistige Anregung, nützliche Beschäftigung und zweckmäßige Erholung geboten werden."

Die Aufsichtspersonen haben nach ihrer Instruktion während der schulfreien Zeit zwischen Vor- und Nachmittagsunterricht beständig, an Mittwochen und Samstagen bis nach beendetem Mittagstische der Schüler anwesend zu sein und neben Beaufsichtigung des Essens auch die Erholung und Beschäftigung der Schüler in zweckmäßiger Weise zu leiten. — Hiernach liegt mehr die Einrichtung eines sog. Kinderhortes vor.

In Stuttgart erfolgt die Speisung armer Schulkinder aus den Mitteln einer Stiftung des Geheimen Kommerzienrats Siegle (10 000 Mk. jährlich). —

Außerdem haben in einzelnen anderen in der Zusammenstellung aufgeführten Städten vorübergehend Einrichtungen zur Speisung der Schulkinder bestanden. Die Berichte derselben über die gemachten Erfahrungen sind teilweise beachtenswert:

Aachen: In den Wintermonaten Januar bis März 1892 sowie Februar bis März 1895 ist eine Speisung armer Schulkinder eingerichtet worden. Erstere hat der Verein für Volkswohlfahrt, letztere die Stadt eingerichtet; an der Speisung (Frühstück vor Beginn der Schule oder in der Pause um 10 Uhr) nahmen von ca. 14 000 die Volksschule besuchenden Kindern täglich 1892 ca. 1700, 1895 ca. 1000 teil. Gesamtkosten 1892 ca. 8000, 1895 ca. 2600 Mk. „Allgemein haben die Lehrer die Speisung armer Schulkinder als eine wahre Wohlthat für Körper und Geist der Kinder bezeichnet. Indes hat die öffentliche Verteilung, wie sie zum größten Teile in den Schulen erfolgen mußte, zu vielen Bedenken Anlaß gegeben, zumal dieselbe die Entwicklung des Ehrgefühls bei den Kindern beeinträchtigte; auch bot die Auswahl der Kinder große Schwierigkeiten. Ein weiteres Bedenken besteht darin, daß die Eltern durch die fragliche Einrichtung leicht zu dem Glauben kommen, es bestehe eine rechtliche Verpflichtung zur Speisung ihrer Kinder. Hierdurch werden sie veranlaßt, auch dann, wenn sie imstande sind, für die Ernährung ihrer Kinder zu sorgen, denselben die Nahrung vorzuenthalten, sei es in böswilliger Absicht oder nur aus Bequemlichkeitsgründen. Dies hat die Stadtverwaltung veranlaßt, auf eine Speisung der

Kinder nur dann Bedacht zu nehmen, wenn besondere Notstände oder ein besonders strenger Winter herrschte. Im vergangenen Jahre ist deshalb die Speisung unterblieben."

Bernburg: Jahre hindurch sind auch aus den Volksküchen Kinder armer Eltern mehrmals in der Woche unentgeltlich gespeist worden. Hiervon hat man jedoch seit zwei Jahren wieder Abstand genommen, da man es für zweckdienlicher hielt, die Kinder mit ihren Eltern essen zu lassen und letzteren die Suppen möglichst billig zur Verfügung zu stellen.

Crefeld: Ein Bedürfnis zur Fürsorge für arme Schulkinder durch Speisung bezw. Verabreichung von Nahrungsmitteln ist bisher nicht hervorgetreten. Die Fälle sind hier äußerst selten, wo die Eltern der arbeitenden und ärmeren Klassen beide außer dem Hause beschäftigt sind, so daß die Kinder sich selbst überlassen sind.

Die hierorts bestehenden Volksküchen werden von der arbeitenden Bevölkerung recht rege benutzt, so daß ein großer Teil der die Volksschule besuchenden 19 000 Kinder an den Vorteilen derselben teil nimmt.

Wenn Familien der öffentlichen Armenpflege anheimfallen, so werden denselben neben der Barunterstützung auch Anweisungen auf die Volksküchen verabreicht.

Im vergangenen Jahre hat aber auch der hier bestehende "Verein zur Förderung der Jugend- und Volksspiele" eine recht segensreiche Einrichtung getroffen, indem er während der Herbstferien für die Mädchen der Oberklassen der Volksschulen Ferienspiele abgehalten hat, bei welchen den ärmeren Kindern ein Frühstück, bestehend in $3/10$ Liter Milch und einem großen Brötchen, unentgeltlich verabreicht wurde.

Duisburg: Für die Verpflegung bedürftiger Schulkinder sind hier im Winter 1894/95 807 Mk. 90 Pf. ausgegeben worden. Die Verpflegung bestand darin, daß den Kindern vor Beginn des Unterrichts morgens warme Milch und Brötchen verabreicht wurden. Die Kosten für ein Kind beliefen sich auf 10—12 Pfg.

Im letzten Winter hat eine Verpflegung nicht stattgefunden, weil hierzu kein Bedürfnis vorlag.

In M.-Gladbach sind 1890/91 bis 91/92 und 1892/93 ca. 30 Kinder unter 229 eines Schulbezirks gespeist worden. Anlaß zu der Einrichtung bot der damalige schlechte Gang der hiesigen Industrie, welcher viele Arbeitslosigkeit im Gefolge hatte, und ferner die außergewöhnlich strengen Winter. Da in beiden Beziehungen die Verhältnisse in den letzten Jahren besser waren, ist seitdem von einer Abgabe von Frühstück Abstand genommen worden. Auf Grund der früher gemachten Erfahrungen würde man aber die Einrichtung sofort wieder in Kraft treten lassen, wenn ähnliche Verhältnisse wie in den oben angegebenen Jahren eintreten sollten. Die von verschiedenen Seiten früher geäußerte Befürchtung, die Auswahl der Kinder würde Schwierigkeiten bereiten und die nicht zum Frühstück zugelassenen Kinder würden neidisch werden, ist nicht eingetroffen, im Gegenteil hatten die Kinder selbst ein sehr gutes Auge für diejenigen unter ihnen, die es am notwendigsten hatten.

In Magdeburg sind von ca. 18 000 Schulkindern im Winter

1891/92 zwischen 835 und 4675
1892/93 = 2500 und 2785
1893/94 = 1539 und 4435

gespeist worden. Die Kosten bestritt die Stadt. In den folgenden Jahren ist von der Speisung Abstand genommen.

In Malstadt-Burbach fand 1888 und 1895 ein Frühstücksverteilung auf städtische Kosten statt, an der 220 Kinder teilnahmen, in Würzburg 1894/95 auf Grund einer Sammlung, deren Erträgnis für zwei Monate reichte, ebenso in Duisburg 1894/95, während für den letzten Winter das Bedürfnis verneint wird, sowie in Flensburg, wo die Einrichtung als eine im Winter 1894/95 durch die Witterungsverhältnisse hervorgerufene Notwendigkeit bezeichnet wird, und in Recklinghausen, wo wegen Erschöpfung des Fonds die Fürsorge wieder aufgegeben wurde.

Vorstehende Darstellung der Veranstaltungen zur Speisung bedürftiger Kinder hat sich auf die größeren Städte Deutschlands beschränkt. Inwiefern auch in kleineren Städten das Bedürfnis zu derartigen Einrichtungen vorhanden ist, inwieweit dasselbe befriedigt wird, vermag ich nicht zu übersehen. Ebenso sind mir die Verhältnisse der ländlichen Schulen nicht bekannt. Immerhin glaube ich, daß gerade in ländlichen Verhältnissen völlig ungeeignete und unzureichende Ernährung einerseits, weiter Schulweg andererseits in nicht seltenen Fällen eine Ergänzung der elterlichen Fürsorge wünschenswert erscheinen lassen. Private Wohlthätigkeit einzelner, insbesondere der Gutsherrschaft, der Pastoren mag in dieser Beziehung manchen Notstand mildern. Gerade weil ich die Verhältnisse unserer Landschulen nicht zu beurteilen vermag, möchte ich auf die einschlägigen Verhältnisse der Schweiz einen Blick werfen.

In der Schweiz ist in vielen Kantonen die Fürsorge für Speisung armer Schulkinder den Organen der Schulpflege zur Pflicht gemacht worden. So besagt beispielsweise ein Kreisschreiben des Erziehungsrats des Kantons Zürich an die Gemeinde- und Sekundärschulpflege vom 10. Januar 1883, das auf Grund einer Erhebung über die im Kanton bestehenden Notlage erging:

„Es existiert wohl in den meisten, wo nicht in allen Gemeinden des Kantons eine mehr oder minder große Zahl von Familien, die zwar nicht almosengenössig sind, noch es werden wollen, bei denen aber zur Zeit wegen mangelnder Vorräte infolge mißratener Ernten die Sorge um das tägliche Brot besonders drückend geworden ist. Es legt sich mithin die Befürchtung nahe, daß auch manche unserer Schulkinder nur mangelhaft genährt die Schule besuchen oder in wenig schützender Fußbekleidung einen weiten Schulweg zu machen haben. Der einfache Hinweis auf den Thatbestand dürfte genügen, um die Ortsschulbehörde zu veranlassen, entsprechende Maßnahmen zu treffen, soweit dies nicht bereits geschehen sein sollte. Sie werden auch leicht die geeigneten Mittel und Wege finden, um den erwähnten Übelständen abzuhelfen, sei es, daß sie für die dürftigeren Schüler über Mittag Freitisch in besser situierten Familien oder in bereits eingerichteten Suppenanstalten beschaffen, sei es, daß sie ihnen zweckmäßige Fußbekleidung zur Verfügung stellen. Zu den für diesen Zweck von den Schulgemeinden gebrachten

Fürsorge für arme Schulkinder durch Verabreichung von Nahrungsmitteln. 17

ökonomischen Opfern würden in ähnlicher Weise Staatsbeiträge verabreicht werden, wie dies bei der Beschaffung von Lehrmitteln für ärmere Kinder der Fall ist."

In einem weiteren Schreiben des Erziehungsrats vom 6. Dezember 1890 heißt es in den Bestimmungen betr. die Schulgesundheitspflege:

„Sollte es sich ergeben, daß ein Schüler einen seiner Entwicklung schädlichen Mangel leidet oder wegen ungenügender Kleidung an seiner Gesundheit Schaden zu nehmen droht, so ist geeignete Abhilfe zu treffen".

Dadurch, daß den Gemeinden, welche die Speisung armer Schulkinder durchführen, Beiträge aus Erträgen des Alkoholmonopols bewilligt werden, ist es erreicht, daß eine immer wachsende Zahl von Gemeinden die Einrichtung einführt. Im Kanton Bern betrug die Zahl der durch Speisung unterstützten Kinder 1893/94 13 195, die Ausgaben dafür 72 029 Fr., die Einnahmen durch Beiträge von Privaten, Sammlungen, Geschenke 43 083, durch Beiträge der Gemeinden 26 534, durch Beiträge aus dem Alkoholzehntel 6158 Fr. Für die ganze Schweiz ergeben sich nach einer zu Anfang des Jahres 1895 vom eidgenössischen statistischen Bureau in Bern veranstalteten Erhebung folgende Zahlen[1]:

Zahl der Schulkinder 380 728,
davon hatten
Schulwege von $1/2$—1 Stunde 14 815
Von mehr als 1 Stunde 2 463
Schulen mit Einrichtung für Einnahme des Mittagsmahles 1 385
Schulen ohne Einrichtung für Einnahme des Mittagsmahles 2 406
Anzahl der Kinder, welche ihr Mittagsmahl in der Schule verzehren 26 504
Unentgeltliche Verabfolgung von Speisen das ganze Jahr hindurch in Schulen . . . 32
Nur im Winter in Schulen 609
Zahl der durch unentgeltliche Speisung verpflegten Kinder . . . . . . 24 566.

Die Erhebungen beziehen sich auf etwa $4/5$ aller Primärschulen der Schweiz. Als ein Hauptgrund für die Notwendigkeit der Schulspeisung erscheinen in der Schweiz die weiten und beschwerlichen Schulwege, welche es den Kindern unmöglich machen, über Mittag nach Hause zu gehen, während sie von Hause nicht genügende Nahrung mitbringen. Dann aber werden neben allgemeiner, verschuldeter und unverschuldeter Notlage der Mißbrauch des Alkohols, die völlige Inanspruchnahme der Eltern in der Industrie, äußerst bescheidene Ernährungsweise weiter Kreise der industriellen und landwirtschaftlichen Bevölkerung in Zeiten industrieller und landwirt=

---

[1] Vgl. Dr. Albert Huber, Die Fürsorge für Nahrung und Kleidung armer Schulkinder in der Schweiz 1895. Separatabdruck aus dem Jahrbuch des Unterrichtswesens in der Schweiz für 1894. Zürich 1895.

schaftlicher Krisen, Unfähigkeit vieler Frauen in der Führung des Haushalts angegeben.

Ähnliche Verhältnisse werden sich vielfach auch bei uns finden. Bei den Verhandlungen in Kassel wies Herr Regierungs- und Schulrat Dr. Falckenheiner (Kassel) auf seine Beobachtungen hin, wonach vielfach auf dem Lande viele arme Kinder, die einen weiten Schulweg haben, mittags des Essens entbehren, weil es ihnen bei den weiten Entfernungen nicht möglich ist, nach Hause zu gehen. Im Oktober 1893 soll das preußische Unterrichtsministerium die Kreisschulinspektoren zu Ermittelungen veranlaßt haben, ob und in welchem Umfange Schulkinder über Mittag in den Schulräumen verbleiben, also ohne warmes Essen erhalten zu haben dem Nachmittagsunterricht wieder beiwohnen[1]. Ob die Angabe richtig ist, eventuell welche Ergebnisse die Anregung gehabt hat, ist mir nicht bekannt.

Über gleiche Einrichtungen im übrigen Auslande stelle ich folgende neuere Nachrichten zusammen:

In Wien hat der Centralverein zur Beköstigung armer Schulkinder im Winter 1894/95 5292 Kinder (165 000 besuchen die Volksschulen) beköstigt. Die Ausgaben betrugen 30 600 fl., einschließlich eines Zuschusses der Gemeinde von 20 000 fl. Das Vereinsvermögen beträgt 122 000 fl.

In Paris sollen im Winter 1894/95 aus den Schulsuppenküchen 6 548 000 Portionen, davon 3 432 000 umsonst, 3 116 000 gegen Bezahlung verabreicht sein, die Subvention der Stadt 639 000 Fr. betragen haben.

In Christiania (ca. 167 000 Einwohner) hat die Gemeinde die Kosten der Speisung übernommen und dazu 38 000 Kronen (ca. 43 000 Mark) bewilligt.

Über die Erfolge der Schulspeisung sprechen sich die Berichte fast durchweg günstig aus. Insbesondere wird die größere Regelmäßigkeit im Schulbesuch der Kinder, geringere Zahl der Krankheitsfälle, bessere Aufmerksamkeit und Lernlust hervorgehoben, teilweise auch eine gute gesundheitliche Wirkung betont.

Ein Bericht des städtischen Armenarztes Dr. Gutenberg in Darmstadt aus dem Jahre 1892 äußert sich über die Frage:

Ist die Verabreichung eines warmen Milchfrühstücks an arme und schwächliche Kinder nützlich?, wie folgt:

„Diese Frage muß ganz entschieden bejaht werden. Es leuchtet schon von vornherein ein, daß die regelmäßige tägliche Zufuhr eines in Bezug auf Nährwert und Verdaulichkeit so hochstehenden Nahrungsmittels, wie es die Milch ist, an sich schon einen günstigen Einfluß auf die Hebung des Ernährungszustandes der in Betracht kommenden, durchgängig schwächlichen, ja teilweise entschieden kränklichen Kinder haben muß. Diese Hebung des körperlichen Zustandes findet ihren Ausdruck in dem entschieden besseren Aussehen der meisten dieser Kinder, nachdem dieselben einen Winter hindurch regelmäßig den Genuß des Frühstücks gehabt hatten. Noch viel deutlicher wird allerdings diese Thatsache hervortreten, wenn die Einrichtung noch

---

[1] Blätter für sociale Praxis 1893. II. Halbjahr Nr. 40 S. 123.

weitere Jahre bestanden hat und die in Frage kommenden Kinder mehrere Winter hindurch mit der Milchverpflegung bedacht worden sind.

„Hand in Hand mit der Besserung des körperlichen Befindens — ja noch mehr in die Augen springend und von den Klassenlehrern sehr hervorgehoben — zeigt sich eine beträchtliche Hebung des geistigen Perzeptionsvermögens und der Lernlust der Kinder.

„Ist schon beim Erwachsenen die körperliche und geistige Leistungsfähigkeit — im Durchschnitt wenigstens — das Barometer für das körperliche Befinden, so ist beim Kinde das letztere noch von weit größerem Einfluß auf die Lust und die Fähigkeit, zu lernen und zu begreifen. Hier ist die moralische Initiative, die Willenskraft noch sehr abhängig vom Gefühl körperlichen Wohlbehagens und vor allem von dem Gefühle größerer oder geringerer Sättigung des Magens."

Aus Wesel wird berichtet:

Zur Feststellung, ob die Kinder durch die Ernährung in der Suppenanstalt an Körpergewicht zunehmen, wurden alljährlich beim Beginn des Betriebes 6 Knaben und 6 Mädchen im Alter von 10—13 Jahren gewogen, bei welchen sich am Schlusse der Anstalt eine Zunahme am Gewicht von 1—2½ Kilo zeigte.

Angesichts der Ausdehnung, die die Fürsorge für Schulkinder durch Speisung in Deutschland und im Ausland gewonnen hat, ist die Frage nach der Notwendigkeit derselben im allgemeinen kaum noch zu stellen. Wohl aber können bezüglich der Art der Fürsorge und namentlich der Voraussetzungen, unter welchen sie einzutreten hat, Meinungsverschiedenheiten obwalten. Für diejenigen, die lediglich auf die Kinder ihr Augenmerk richten, durch die Erscheinung berührt werden, daß viele Kinder gar nicht oder ungenügend genährt zur Schule kommen, die als ihr Ziel vielleicht im Auge haben, sich mit dem Gedanken zur Ruhe legen zu können: es giebt in der Stadt keine hungernden Kinder, ist die Antwort leicht gefunden: Alle Kinder müssen mittags gespeist werden, die hungrig sind. Mit vollem Recht wird dagegen von andrer Seite die Frage aufgeworfen, ob nicht gerade auf diesem Gebiete die Wohlthätigkeit zu viel thun könne. Blieb schon Widerspruch nicht aus, wenn in gewissem Umfang bereits vom frühesten Alter an den Eltern die Fürsorge für die Kinder abgenommen werde durch Krippen, Kleinkinderbewahranstalten, Kinderhorte, wenn die Kinder in die Ferienkolonien gesandt werden, so wird es bedenklich scheinen, daß hier schließlich noch die Sorge für die Ernährung der Kinder den Eltern abgenommen wird, denen sie doch naturgemäß als oberste Pflicht zufällt.

Getreu den Grundsätzen, die der Verein stets eingenommen hat, wird man auch auf diesem Gebiete fordern müssen, daß die Wohlthätigkeit, die Fürsorge der Allgemeinheit für einzelne Glieder sich gewisse Schranken auferlege, daß sie nur denen sich zuwende, die dessen wirklich bedürftig sind, daß sie thunlichst es vermeidet, das Gefühl der Selbstverantwortlichkeit der Eltern für das Wohl ihrer Kinder zu mindern oder gar zu erschüttern. Wird diese Grenze innegehalten, so mag man ruhig die warnenden Rufe derer unbeachtet lassen, die in jeder Ausdehnung der Fürsorge für die unteren Klassen einen weiteren Schritt auf dem Wege zum Socialismus sehen.

Von diesem allgemeinen Gesichtspunkt aus glaube ich, daß die beiden Arten der Fürsorge, je nachdem nur ein Frühstück in der Schule gewährt oder Mittagskost gereicht wird, nicht gleich behandelt werden dürfen.

Wir haben die allgemeine Schulpflicht. Soll diese Nutzen bringen, so müssen wir auch die Kinder dazu befähigen, dem Unterricht zu folgen. Wenn die Kinder nüchtern oder allenfalls mit etwas schlechtem Kaffee oder Cichorien= kaffee im Magen stundenlang dem Unterricht folgen sollen, so wird man kaum gute Erfolge erzielen, während andrerseits eine ungünstige Rück= wirkung auf die Gesundheit nicht ausbleiben kann, zumal die Kinder sich ohnehin nicht in besonders gutem Ernährungszustand befinden werden. Auch von Natur gut beanlagte Kinder müssen infolge mangelhafter Ernährung geistig herunterkommen, schlaff und nach und nach abgestumpft werden. Man legt neben der geistigen Ausbildung auch in der Volksschule Wert auf die körperliche Entwicklung durch Turnen; ist es aber nicht eine Härte, durch Hunger geschwächten Kindern noch energische körperliche Bewegung zumuten zu wollen? Ich möchte deshalb die Gewährung von Frühstück in der Schule an die Kinder, denen solches im Elternhause nicht gewährt wird, als eine notwendige Ergänzung des Unterrichts ansehen. Es handelt sich darum, der Jugend die unumgänglich notwendigen Grundbedingungen für ihr körperliches und geistiges Fortkommen zu gewähren. Wie es mir als eine notwendige Folge der Verpflichtung zum Besuch der öffentlichen Volksschule erscheint, dafür zu sorgen, daß das Kind die notwendigen Lehrmittel und Schul= materialien besitzt, so daß, falls die Eltern nicht dafür sorgen, die Gemeinde oder private Wohlthätigkeit dieselben beschaffen muß, so muß für ein Mindest= maß von Nahrung gesorgt werden, welches die Kinder erst zum Besuch der Schule befähigt. Es wird daher gerechtfertigt sein, bei der Frühstücks= verteilung alle Kinder zu berücksichtigen, die nüchtern oder ohne genügende Nahrung zur Schule kommen; daß die Eltern aus Bequemlichkeit oder Lieder= lichkeit die Kinder nüchtern zur Schule gehen lassen, muß unberücksichtigt bleiben. Dadurch soll nicht ausgeschlossen sein, ist vielmehr wünschenswert, daß auch die Verhältnisse der Eltern in Betracht gezogen werden, wenn auch nur, um auf das Elternhaus bezüglich besserer Ernährung der Kinder ein= zuwirken. Die Fürsorge durch Frühstücksverteilung wird sich aber auch schwächlichen und kränklichen Kindern zuwenden. Gerade durch die bei den Bestrebungen für Sommerpflege armer Kinder gemachten Erfahrungen ist die Aufmerksamkeit auf die große Zahl der Kinder gelenkt, die mit Blutarmut und den mannigfachen Erscheinungen der Skrophulose behaftet sind. Solchen Kindern wird die regelmäßige Verabreichung eines Frühstücks, besonders guter Milch, gesundheitliche Vorteile bringen. Ein Familienvater, der bei kargem Verdienst vielleicht eine Mehrzahl von Kindern ernähren soll, wird von seinem Standpunkt aus es für einen Luxus halten, dem einen schulpflichtigen Kinde regelmäßig besondere Pflege zu teil werden zu lassen. Hier liegt das Eingreifen auch im Interesse der öffentlichen Gesundheitspflege.

Dagegen darf meines Erachtens die Gewährung von Mittagskost nicht ohne sorgfältige Prüfung der Verhältnisse bezüglich der Notwendigkeit solcher weitergehenden Fürsorge eintreten. Bedürftigkeit der Eltern allein kann es nicht rechtfertigen, daß man den Kindern Speisung gewährt. Die Kinder gehören, wenn sie die Schule verlassen haben, ins Elternhaus und müssen dort versorgt werden. Sind die Eltern nicht imstande, den Kindern die nötige Nahrung zu gewähren, so müssen die Eltern unterstützt werden. Die Familie stellt für die Armen= und Wohlthätigkeitspflege eine Einheit dar, man darf nicht ohne zwingenden Grund einzelne Glieder derselben herausgreifen und außerhalb der Familie versorgen. Macht die Lage der Familie die Unterstützung durch Gewährung von Naturalien erforderlich, so gewähre man sie den Eltern, liefere ihnen das Essen, damit sie möglichst den Kindern zu Hause den Tisch decken; andernfalls lernen die Eltern zu leicht ihre Pflichten gegen die Kinder vergessen, die Kinder verlieren das Vertrauen zu den Eltern, die sie nicht nähren können; Neid und Mißgunst unter den Geschwistern entsteht, wenn nicht alle Kinder einer Familie gesättigt werden. Die Frühstücksverteilung erfolgt zu einer Zeit, in der die Kinder ohnehin dem Elternhause entzogen sind, in der die Schule an Stelle der Eltern Für= sorge und Kontrolle über ihr Verhalten übt. Werden aber den Kindern Speisemarken ausgehändigt, auf Grund deren sie nach Schulschluß in einer Speiseanstalt Mittagessen erhalten, so wird der Zusammenhang zwischen Eltern und Kindern gelockert, ohne daß vielleicht entsprechender Ersatz in der Beaufsichtigung der Kinder eintritt. Alle diese Erwägungen lassen es mir nicht wünschenswert erscheinen, in besonderen Kindervolksküchen und Kinder= speisungen eine Hilfe für die notleidende arme Bevölkerung zu erblicken; in erster Linie sollte man bestrebt sein, solche Einrichtungen zu treffen, daß die bedürftigen Familien selbst in der Lage sind, ihren Kindern Essen zu reichen.

Trotz dieser Bedenken bleiben noch Fälle genug übrig, in denen die Ge= währung des Mittagessens an die Kinder notwendig sein kann. In erster Linie kommen die Kinder in Frage, die wegen weiten Schulweges in der Zeit zwischen Vor= und Nachmittagsunterricht nicht nach Hause gehen können. Hier kann die Gewährung der Mittagskost in der Schule oder in Räumen nahe der Schule gerechtfertigt sein. Man wird aber die Verhältnisse der Eltern prüfen müssen, um sie, soweit sie dazu imstande sind, zu Beiträgen heranzuziehen. Es kommen weiter die Fälle in Betracht, in denen beide Elternteile zur Herbeischaffung des Lebensunterhalts gezwungen sind, auf Arbeit zu gehen und sich während der Tageszeit um die Kinder gar nicht kümmern, oder in denen nur Vater oder Mutter lebt und tags über auf Arbeit ist, so daß die Kinder bis in den späten Abend hinein sich selbst überlassen sind, während in nicht seltenen Fällen an den Wochentagen über= haupt außer Kaffee nichts Warmes gekocht wird. Hier wird in der That im Interesse der Gesundheit der Kinder die Gewährung warmer Kost nötig sein. Wenn aber in solchen Fällen, in denen die Eltern in Arbeit stehen und Verdienst haben, eine die Beköstigung im Elternhause ersetzende Mahl= zeit gewährt wird, so wird dahin zu streben sein, daß die Eltern auch einen Beitrag zu den Kosten entrichten. Wo Liederlichkeit und Faulheit der Eltern, Zerfall des Familienlebens die ungenügende Ernährung der Kinder veranlassen, wird die Rücksicht auf die Kinder voranstehen können.

Es ist nicht zu verkennen, daß durch diese Forderung individueller Prüfung der Verhältnisse der Wohlthätigkeit eine Aufgabe gestellt wird, die viele sorgsame Arbeit erfordert und nicht leicht zu lösen ist; einfacher ist es jedenfalls, hungrige Kinder herauszufinden und abzuspeisen, als wenn man den Verhältnissen der Eltern eingehende Beachtung schenkt. Die Zustände im Elternhause sind die Ursache der zunächst in die Augen fallenden, das Mitleid erregenden Erscheinung, daß die Kinder hungrig in der Winterkälte umherlaufen; läßt man aber nur die äußere Erscheinung maßgebend sein für die Richtung der Fürsorgethätigkeit, so läuft man Gefahr, die Aufmerksamkeit von den Notständen der Familien abzulenken und vorhandene sociale Schäden zu verschleiern.

Handhabung der Bestimmungen, betreffend den Verlust des Wahlrechts bei Empfang öffentlicher Armenunterstützungen.

I.

Vorbericht.

I.

Die Ausschuß-Sitzung unseres Vereins beschloß am 14. Februar 1894:

"Zur Feststellung der thatsächlichen Verschiedenheiten, welche in den einzelnen Städten bei Beantwortung der Frage obwalten: welche Fälle der Armenunterstützung zur Streichung des Familienoberhauptes in den Wahllisten führen, — eine Enquete zu veranstalten."

Der Beschluß erfolgte auf Antrag des Stadtrat Dr. Flesch; derselbe machte geltend, daß, wie aus einer vom Magistrat in Frankfurt a. M. bei sieben größeren Städten im Jahr 1889 veranstalteten Umfrage hervorgehe, der Begriff Armenunterstützung, trotzdem er nach dem Gesetz für alle von ihm Betroffenen derselbe sei, in sehr verschiedener Weise teils einschränkend, teils ausdehnend ausgelegt werde.

Der Antrag ward lebhaft unterstützt, insbesondere von seiten der Herren Dr. Münsterberg und Dr. Aschrott, von letzterem unter Hinweis darauf, daß er selbst bereits geplant habe, eine Behandlung der Frage durch den Juristentag herbeizuführen, es aber mit Freuden begrüße, wenn der Verein die Sache in die Hand nehme, und vor allem, wenn er das thatsächliche Material sammeln wolle.

Die Durchführung der beschlossenen Enquete ward vom Ausschuß einer Kommission zugewiesen, bestehend aus den Herren Landrichter Dr. Aschrott (Berlin), Statistiker Dr. Berthold (Berlin), Stadtrat Dr. Flesch (Frankfurt a. M.), Stadtrat Ludwig-Wolf (Leipzig), Geh. Regierungsrat v. Massow (Potsdam).

Die Kommission, welche demnächst den Geheimen Regierungsrat von Massow zum Vorsitzenden, Stadtrat Dr. Flesch zum Schriftführer wählte und sich durch Zuwahl des Bürgermeisters Back (Straßburg), Dr. Münsterberg (Hamburg), Oberregierungsrat Rasp und Rechtsrat Wölzl (München) ergänzte, begann die Arbeit damit, daß sie den auf Seite 28 und 29 abgedruckten Fragebogen an die Mitglieder des Vereins, sowie an die Regierungen der kleineren und die oberen Verwaltungsbehörden der größeren Bundesstaaten versandte. Die eingegangenen Antworten sind in dem als Anlage 2 nachfolgenden Bericht des Kommissions-Mitgliedes Dr. Berthold behandelt. Es muß hervorgehoben werden, daß die Kommission bei ihrer Umfrage fast bei allen Stellen bereitwilligstes Entgegenkommen fand, wofür sie um so dankbarer sein kann, als die Überhäufung aller Verwaltungsstellen mit statistischen Anfragen eine bekannte Thatsache ist und als die von uns erörterte Frage nicht zu denen gehört, deren Wichtigkeit und Bedeutsamkeit sich von selbst aufdrängt und überall gleichmäßige Würdigung zu finden erwarten durfte. Lediglich die bayerische Regierung hat, wie sich aus einer uns zugekommenen Mitteilung ergiebt, geglaubt, unserer Untersuchung die Förderung versagen zu sollen.

II.

Im übrigen erscheint es zur Klarlegung des Standpunkts, von dem aus die Umfrage unternommen war, wohl am besten, wenn der Text der erlassenen Rundschreiben, sowie die dem Fragebogen beigegebenen Erläuterungen hier im Vorbericht selbst abgedruckt werden.

1. Erläuterungen zu dem Fragebogen.

Zweck des Fragebogens ist nach dem Beschluß des Ausschusses des Deutschen Vereins für Armenpflege und Wohlthätigkeit
    die Feststellung der thatsächlichen Verschiedenheiten, welche in den einzelnen Städten bei Beantwortung der Frage obwalten, welche Fälle der Armenunterstützung zur Streichung des Familienoberhauptes in den Wahllisten führen.

Die aufgestellten Fragen beziehen sich demgemäß sämtlich auf der Praxis entnommene Fälle, in denen die strenge Handhabung der Begriffe „Hilfsbedürftigkeit" oder „öffentliche Unterstützung" im Sinne des Unterstützungswohnsitzgesetzes zu Härten, oder in denen die Unbestimmtheit der Begriffe „Armenunterstützung", „Unterstützung aus öffentlichen oder Gemeindemitteln" u. s. w. im Sinne der Wahlgesetze zu Ungleichheiten beim Aufstellen der Wahllisten geführt hat. Zur Erläuterung kann auf den Bericht über eine vom Magistrat in Frankfurt a. M. wegen einiger hierher gehöriger Punkte veranstaltete Umfrage an sieben größere Städte verwiesen werden, der in der „Deutschen Gemeindezeitung" vom 25. Januar 1890 abgedruckt ist.

Der Frankfurter Magistrat ist auf Grund dieser Umfrage zu folgenden Beschlüssen gekommen, die hier, als Illustration zu den Fragen und ohne daß sachlich zu denselben Stellung genommen werden soll, abgedruckt werden.
1. Beschluß des Magistrats zu Frankfurt a. M. vom 5. November 1889:

Personen, welche lediglich durch unentgeltliche Gewährung von Arzt und Arznei unterstützt wurden, oder die Angehörige haben, für die sie alimentationspflichtig sind[1], die aber seit mehr als einem Jahre in einer Krankenanstalt irgend welcher Art aufgenommen werden mußten, sind nicht mehr in der Liste der Wahlberechtigten zu streichen.

2. Beschluß vom 20. Dezember 1889:

Bei Aufstellung der Wahllisten darf niemand berücksichtigt werden, der im letzten vergangenen Jahre vorübergehend oder dauernd in öffentlicher Armenunterstützung gewesen ist. Als vorübergehende Armenunterstützung gilt jedoch nicht die unentgeltliche Gewährung von Arzt und Arznei durch Vermittelung der öffentlichen Armenpflege. Als dauernde Unterstützung gilt nicht die Verpflegung eines Familienangehörigen des Wahlberechtigten, zu dessen Alimentation derselbe verpflichtet ist, wenn diese Verpflegung bereits ein Jahr gedauert hat, ihr Endpunkt aber noch nicht abzusehen ist, da anzunehmen ist, daß ein Familienangehöriger, der in dieser Art dauernder Anstaltspflege bedarf, thatsächlich aus der Familie des Wahlberechtigten ausgeschieden ist[2].

3. Beschluß vom 20. Dezember 1892:

Als Armenunterstützung des Familienhauptes soll es nicht angesehen werden, wenn Familienangehörige öffentlich unterstützt werden, nachdem sie wirtschaftlich auf die Dauer sich selbständig gemacht haben[3].

Im einzelnen wird zu den aufgestellten Fragen bemerkt:
1. Zur linken Seite des Fragebogens:

Zu A. Daß Schulgeldbefreiungen u. s. w. nicht zur Streichung in den Wahllisten berechtigen, hat der Reichstag wiederholt ausgesprochen (vergl. die Citate bei Rönne, preuß. Staatsrecht I. § 59 p. 240 25).

Die Frage hat hiernach bereits eine gewissermaßen letztinstanzliche Entscheidung gefunden, während über die sämtlichen übrigen Fragen des Fragebogens überhaupt noch kein Material zu existieren scheint.

Zu C. Vorübergehende Armenunterstützung ist jede Armenunterstützung aus vorübergehender Ursache im Gegensatz zu der aus dauernder Ursache — z. B. körperlichen oder geistigen Gebrechen erforderlichen.

Bei den Worten: Familienmitglied ohne eigenen Unterstützungswohnsitz ist insbesondere auch an die Fälle des abgeleiteten

---

[1] Vgl. Frage I. 6. des Fragebogens.
[2] Vergl. Frage IIIa des Fragebogens.
[3] Vergl. Frage IIa des Fragebogens.

	I.			
Wird als Armenunterstützung, welche das Familienoberhaupt des Wahlrechts verlustig macht, gerechnet:	Bei der Aufstellung der Wahllisten zu			
	1. der Reichstagswahl.	2. sonstigen Wahlen auf Grund von Reichsgesetzen.	3. der Landtagswahl.	4. sonstigen Wahlen auf Grund von Landesgesetzen.
A. Gewährung von Schulgeld, Schulbüchern und dergl.?				
B. Gewährung freier ärztlicher Behandlung, Arzneien, Heilmittel u. s. w.?				
C. **Vorübergehende** Armenunterstützung (abgesehen von den Fällen ad A. und B.) eines Familienmitgliedes ohne eigenen Unterstützungswohnsitz (Heimatsrecht), wenn dasselbe a) minderjährig ist?				
b) außerhalb des Familienhaushalts thatsächlich steht?				
D. **Dauernde** Armenunterstützung eines Familienmitgliedes ohne eigenen Unterstützungswohnsitz (wie ad C.) a) wenn dasselbe infolge von Krankheit oder Gebrechen voraussichtlich dauernd unterstützungsbedürftig ist?				
b) wenn das Familienhaupt einen Teil der Kosten, welche seitens der Anstalt berechnet werden, zahlt?				
E. Armenunterstützung des Familienhauptes a) wenn sie nur vorübergehend erfolgt, und zwar: 2. in offener Armenpflege?				
3. in geschlossener Armenpflege?				
b) wenn eine regreßpflichtige Stelle vorhanden ist, aber 2. Zahlung der Unterstützung von derselben bisher nicht geleistet ist?				
3. dieselbe nur zur Leistung eines Teiles der Unterstützungskosten verpflichtet ist?				
F. Wird in den Fällen C—E etwa ein Unterschied zwischen verschuldeter und unverschuldeter Bedürftigkeit gemacht? (vergl. hierfür insbesondere die Fragen III und IV der anderen Seite).				

II.	III.	IV.	V.	VI.
Kommen für die Entziehung bezw. Nichtentziehung des Wahlrechts besondere landesrechtliche, statutarische oder reglementarische Bestimmungen in Betracht?	Wird unter Umständen die nebenbemerkte Unterstützung, weil aus anderen, der Verwaltung der Gemeinde unterstehenden Fonds entnommen, nicht als Armenunterstützung, die den Verlust des Wahlrechts nach sich zieht, angesehen?	Wird das Familienhaupt zunächst zur Erstattung der Kosten der nebenbemerkten Unterstützung unter der ausdrücklichen Androhung, daß sonst Verlust des Wahlrechts eintrete, aufgefordert?	Hat die Praxis geschwankt und eventuell seit wann besteht eine feste Praxis?	Bemerkungen und etwaige Reformvorschläge.

Unterstützungswohnsitzes zu denken. (Ein außereheliches oder erstehliches Kind der Frau ist in einer Anstalt untergebracht; dies gilt auf Grund des Unterstützungswohnsitzgesetzes als **Armenunterstützung** des Ehemannes der Frau; bewirkt es auch den Verlust des Wahlrechts?)

Zu E. Vorübergehende offene Armenpflege wird wohl überall den Verlust des Wahlrechts zur Folge haben; dagegen wird die vorübergehende geschlossene — z. B. Hospitalpflege nach Ablauf der Zahlungspflicht der einweisenden Krankenkasse — in den verschiedenen Orten verschieden behandelt.

Zu I. 2. Sonstige Wahlen auf Grund von Reichsgesetzen: z. B. Wahlen zum Gewerbegericht, Aufstellung der Schöffenlisten, der Urlisten für die Geschworenenwahl.

2. Zur rechten Seite des Fragebogens:

Zu II. Es wird um Mitteilung des authentischen Wortlauts der betr. Gesetzesstellen gebeten.

Zu III. Der Armenverwaltung steht ein kleiner Fonds zur Verfügung, aus dem unter Umständen z. B. Beihilfen zur Verpflegung von taubstummen u. s. w. Kindern in Anstalten, oder **einmalige Unterstützung** (wie z. B. Beerdigungskosten) gewährt werden können, die nicht zur Streichung in den Wahllisten führen.

Zu IV. Die Stadtgemeinde Berlin hat in der formularmäßigen Aufforderung zur Zahlung der Kosten geschlossener Armenpflege den Passus: Geht innerhalb dieser Frist nicht Zahlung der vollen Kosten ein, so setzen Sie sich der Gefahr aus, Ihres Wahlrechts verlustig zu gehen.

---

2. Das an die Vereinsmitglieder ergangene Rundschreiben lautete, unter Wegfall des Eingangs und Schlusses:

Die Kommission hat nunmehr den beifolgenden Fragebogen ausgearbeitet und erlaubt sich, die dem Verein angehörigen Städte zu ersuchen, die Ausfüllung durch die mit der Aufstellung der Wahllisten betrauten Stellen gefälligst veranlassen zu wollen. Die Frage, um deren Aufklärung es sich handelt, ist, wie sich aus dem Fragebogen selbst ergiebt, verwickelter als es den Anschein hat, weil eben der Begriff der „Armenunterstützung", der „Unterstützung aus öffentlichen Mitteln" u. s. w., der in den verschiedenen Wahlgesetzen angewendet wird, nirgends definiert wird, während auch das Unterstützungswohnsitzgesetz und die dazu erlassenen Ausführungsgesetze, die bayerische Armengesetzgebung u. s. w. eine klare Umgrenzung des Begriffs vermissen lassen.

Die hieraus erwachsenden Schwierigkeiten für die mit der Aufstellung der Wahllisten betrauten Stellen sind um so größer, je mehr die ärmere Bevölkerung auf die Teilnahme an den öffentlichen Rechten Gewicht legt. Gerade deshalb ist es um so notwendiger, einerseits den Anschein zu vermeiden, als ob bei der Streichung in den Wahllisten willkürlich vorgegangen werde, andererseits dem vorzubeugen, daß die Abneigung zur Empfangnahme der Armenpflege deshalb schwindet, weil die bisher mit derselben verknüpften Nachteile allzu sehr gemindert werden.

Der Verein für Armenpflege kann es selbstverständlich nicht für seine Aufgabe erkennen, die rein politische Frage der Zulassung zum Wahlrecht in Erörterung zu nehmen. Dagegen gehört die Feststellung der Unklarheiten, die aus dem Mangel einer Definition des Begriffs der Armenunterstützung erwachsen, und die Untersuchung der Frage, inwieweit etwa der aus dem Unterstützungswohnsitzgesetz deduzierte Begriff der öffentlichen Unterstützung auf andere Rechtsgebiete Anwendung finden kann, in das eigentliche Gebiet seiner Thätigkeit.

3. Das an die Regierungen und Verwaltungsbehörden ergangene Rundschreiben (d. d. Berlin, März 1895) hatte folgenden Wortlaut:

Die praktische Handhabung der Bestimmungen, betreffend den Verlust des Wahlrechts infolge des Empfanges öffentlicher Armenunterstützung, ist eine sehr verschiedene und führt zu mancherlei Schwierigkeiten, Härten und Folgewidrigkeiten. Als eine der letzteren darf beispielsweise hervorgehoben werden, daß, wenigstens in Preußen, ein Vater, der sein Kind in einer Weise verwahrlosen läßt, welche die Überführung in die Zwangserziehung zur Folge hat, des Wahlrechts nicht verlustig geht, weil nach den gesetzlichen Bestimmungen Zwangserziehung des Kindes nicht als Unterstützung des Vaters aus Armenmitteln angesehen werden kann, während derjenige Vater, dessen Kind in einer Idiotenanstalt auf öffentliche Kosten untergebracht werden mußte, das Wahlrecht verliert.

Die bestehenden Schwierigkeiten, die ihren Grund sämtlich in der materiellen Unbestimmtheit der Begriffe: „Öffentliche Armenunterstützung", „Unterstützung aus öffentlichen Mitteln" u. s. w. haben, werden noch dadurch vermehrt, daß es an allgemeinen Normen für das Vorgehen der mit der Führung der Wahllisten betrauten Stellen gänzlich fehlt, so daß, wie sich aus einer Voranfrage ergeben hat, z. B. in den größeren Städten Preußens in dieser Beziehung in der allerverschiedensten Art verfahren wird.

Der Deutsche Verein für Armenpflege und Wohlthätigkeit hat zur Prüfung der sich hieraus ergebenden Fragen, soweit dieselben mit dem Armenwesen zusammenhängen, die ergebenst unterzeichnete Kommission eingesetzt und ihr zunächst die Aufgaben zugewiesen, über die praktische Handhabung der in Rede stehenden Bestimmungen in ganz Deutschland Ermittelungen anzustellen.

Behufs Erledigung ihrer Aufgabe hat die Kommission sich mit einer bezüglichen Anfrage an die Magistrate der größeren Städte im Deutschen Reich, welche mit wenigen Ausnahmen Mitglieder des Vereins sind, gewandt, sie muß indessen ihre Ermittelungen auch auf die Verhältnisse der kleinen Städte und ländlichen Gemeinden ausdehnen. Sie richtet deshalb an die hohe Behörde die ergebenste Bitte, hochgeneigtest einen der Herren Lokalbeamten des dortigen Gebiets, dem kleinere

Städte und zur Erörterung der einschlägigen Fragen geeignete Landgemeinden unterstellt sind, die anliegenden drei Fragebogen mit dem Ersuchen zu übermitteln, die gestellten Fragen bezüglich einer kleineren Stadt und zweier Landgemeinden freundlichst beantworten und uns die ausgefüllten Bogen zu Händen unseres Schriftführers wieder zustellen zu wollen.

Für die gütige Erfüllung unserer Bitte, insonderheit auch für Angabe des Namens und Wohnorts desjenigen Beamten, welchem die Fragebogen überwiesen sind, werden wir der hohen Behörde zu größtem Danke verpflichtet sein.

III.

Die Kommission hat das, durch die geschilderten Umfragen gewonnene Material bei ihren Mitgliedern cirkulieren lassen und sodann in einer gelegentlich der Versammlung des Vereins zu Leipzig am 26. September 1895 abgehaltenen Sitzung — an welcher die Herren Aschrott, Berthold, Flesch, von Massow, Münsterberg, Ludwig=Wolf teilnahmen — festgestellt, daß durch die eingelaufenen beantworteten Fragebogen nach allseitiger Ansicht genügendes Material zur Behandlung der zu untersuchenden Frage gegeben sei, und daß deshalb dem Vereinsvorstand vorgeschlagen werden könne, die Frage auf die Tagesordnung der nächsten Jahresversammlung zu setzen.

Für die weitere Behandlung der Angelegenheit schien der Weg am geeignetsten, daß zunächst versucht werden solle, eine übersichtliche Darstellung über das aus dem Fragebogen gewonnene Material und die in den verschiedenen Staaten und Landesteilen bestehenden Gesetze und Praxis zu gewinnen, daß aber zugleich der Kommission und demnächst dem Verein auf Grund der Ergebnisse der abgehaltenen Umfrage Vorschläge über die zweckmäßig und richtig scheinende einheitliche legislative Beordnung der Frage gemacht werden müßten.

Die erstere Arbeit übernahm Dr. Berthold (Berlin), die zweite Landrichter Dr. Aschrott (Berlin). Im weiteren ward festgestellt, daß gerade bei dieser Frage, die eine nicht unwichtige politische Seite habe, strenger als bei anderen darauf gehalten werden müsse, daß dem Verein nicht die persönliche Meinung der Referenten, sondern die der Kommission vorgelegt werde.

Demgemäß ward Dr. Aschrott ersucht, die Vorschläge, die er auf Grund des gesammelten Materials zu machen gedenke, dem Vorsitzenden mitzuteilen, damit sie von diesem den Kommissionsmitgliedern zur Kenntnis gebracht werden. Demnächst sollten in einer im Februar 1896, anschließend an die Berliner Ausschußsitzung, anzuberaumenden Kommissionssitzung die gemachten Vorschläge, samt den dazu eingelaufenen Meinungsäußerungen der Kommissionsmitglieder eingehend erörtert und danach die Vorlage an die Jahresversammlung des Vereins festgestellt werden.

Die Sitzung im Februar fand verabredungsgemäß unter Teilnahme derselben Herren, die auch in Leipzig zugegen gewesen waren, statt. Herr Dr. Aschrott hatte der übernommenen Verpflichtung gemäß, Abdrücke seines Referats den Mitgliedern im voraus eingesandt, welches einem Mitglied (Stadtrat Dr. Flesch) Anlaß zur Einsendung eines ausführlichen Gutachtens mit teilweise abweichenden Vorschlägen gegeben hatte. Auf Grund dieser beiden Äußerungen fand in Ausführung der zu Leipzig gefaßten Beschlüsse eine nochmalige Beratung des Gegenstandes statt, welche zu den hier folgenden Sätzen führte, welche nunmehr als Meinungsäußerung der ernannten Kommission dem Verein vorgelegt werden:

Die Kommission beantragt, der Verein wolle beschließen:

Der Deutsche Verein für Armenpflege und Wohlthätigkeit erachtet den Erlaß eines Reichsgesetzes für erwünscht, welches die Bestimmungen im § 3 Nr. 3 des Reichstagswahlgesetzes vom 31. Mai 1869 wie folgt deklariert:

1. Für den Verlust des Wahlrechts kommt nur diejenige Armenunterstützung in Betracht, welche dem Unterstützten selbst oder einem alimentationsberechtigten Familienmitgliede desselben gewährt ist.
2. Die einem alimentationsberechtigten Familienmitgliede gewährte Unterstützung wird jedoch dem Familienhaupte dann nicht angerechnet,
    a) wenn das Familienmitglied sich bereits in wirtschaftlich selbständiger Stellung außerhalb des Familienhaushalts befindet,
    b) wenn das Familienmitglied sich infolge von Siechtum oder Gebrechen in voraussichtlich dauernder Verpflegung befindet;
    c) wenn die Unterstützung zu Erziehungszwecken gewährt wird.
3. Für den Verlust des Wahlrechts kommen diejenigen Unterstützungen nicht in Betracht, welche dem Unterstützten oder seinen Angehörigen, soweit sie nicht der gesetzlichen Krankenversicherung unterliegen, in Form freier ärztlicher Behandlung, freier Verabreichung von Arzneien und Heilmitteln oder der Aufnahme in eine Krankenanstalt gewährt werden, falls die Natur der Krankheit diese Aufnahme erfordert.
4. Der Verlust des Wahlrechts tritt dann nicht ein, wenn die gewährte Unterstützung vor Ausschreibung der Wahl zurückgezahlt ist.

IV.

Zu den obigen Sätzen wird bemerkt:

Zum Eingang: Es ist selbstverständlich, daß eine analoge Feststellung des Begriffs der Armenunterstützung im Sinne der Wahlgesetze auch in den Einzelstaaten und auch für die übrigen Reichsgesetze, welche Armenunterstützung und Wahlrecht in Verbindung bringen, erforderlich ist. Es erschien jedoch richtig, im Wortlaut der Resolution hiervon abzusehen, weil sich sonst eine einfache und übersichtliche Fassung derselben nicht hätte erreichen lassen.

Zu Nr. 1. Armenunterstützung im gesetzlichen Sinne empfängt auch derjenige, der für ein uneheliches Kind seiner Ehefrau oder für ein Kind aus einer früheren Ehe seiner Ehefrau nicht sorgt. Insbesondere der letztere Fall, Unterlassung der Fürsorge für Stiefkinder ist ein ziemlich häufiger und für die Gemeinden mitunter recht bedenklich (ein Mann verschafft einer Witwe mit mehreren Kindern, indem er sie heiratet, Unterstützungswohnsitz an seinem Wohnort und überläßt dann die Kinder der Armenpflege, möglicherweise nachdem er ihr in den Händen der Frau befindliches Vermögen durchgebracht hat). Die Kommission erachtet es indes nicht für ihre Aufgabe, Fälle in Betracht zu ziehen, die einerseits mit den Grundprincipien des Unterstützungswohnsitzgesetzes, anderseits mit der rein politischen Frage, inwieweit Ausschluß vom Wahlrecht gewissermaßen als Strafe für ein schuldhaftes Verhalten des Ehemannes eintreten soll, in Zusammenhang stehen.

Zu Satz 2 a. Das entscheidende Moment ist hier die wirtschaftliche Selbständigkeit. Ein Mädchen, das sich als Dienstbote in fremdem Hause den Unterhalt verdient, ist wirtschaftlich aus seiner Familie ausgeschieden; und deshalb erscheint es als eine Härte, wenn die von ihm, z. B. im Krankheitsfall, in Anspruch genommene Armenunterstützung den Vater in seinen öffentlichen Rechten schädigt, während das gleiche Bedenken nicht obwaltet, wenn sich ein noch nicht selbständiges Kind auswärts herumgetrieben hat und hierbei der Armenpflege anheimgefallen ist.

Zu Satz 2 b. Es kommt nicht darauf an, ob die dauernde Verpflegung gerade Anstaltspflege ist; vielfach erscheint es praktischer und billiger, unheilbare, kranke Familienmitglieder innerhalb ihrer Familie zu belassen, als sie in ein Hospital oder eine sonstige Pflegeanstalt zu bringen. Es dürfen sich daher an die Verpflegung im Haus keine Nachteile anknüpfen, welche bei Anstaltspflege nicht entständen.

Zu Satz 2 c. Es ist hier an die Aufnahme eines Kindes in eine Taubstummen-, Blindenanstalt u. s. w. gedacht, das vielleicht, wenn lediglich die Frage der notdürftigen Ernährung gestellt würde, auch im elterlichen Hause hätte verbleiben können. Nach der Auffassung, die das Bundesamt für Heimatwesen dem preußischen Gesetz vom 11. Juni 1891 giebt, liegt allerdings in diesen Fällen überhaupt keine erstattungsfähige Armenunterstützung vor.

Zu Satz 3. Die Entziehung des Wahlrechts lediglich infolge der Inanspruchnahme des Armenarztes oder freier Arznei hört auf, eine Härte zu sein, wenn ein nach dem Gesetze krankenversicherungspflichtiger Kranker durch seine Schuld oder durch Schuld des Familienvorstandes keiner Krankenkasse angehört. Anderseits erscheint es zwar gerechtfertigt, wenn der Vater, der ein diphtheriekrankes Kind in ein Hospital bringt, nicht als öffentlich unterstützt gilt, aber die gleiche Rücksicht greift nicht mehr Platz, wenn die Verbringung in das Hospital nicht wegen der Natur der Krankheit, sondern lediglich wegen der schuldhaften Unterlassung der Pflege seitens der Familienangehörigen notwendig wird.

Zu Satz 4. Die Zurückzahlung genossener Unterstützung sollte die nachteiligen Folgen des Bezugs derselben aufheben, jedoch nur dann, wenn die Rückzahlung nicht offensichtlich nur zu dem Zweck erfolgt ist, damit der Unterstützte sich an der einen oder anderen Wahl beteiligen kann.

Im übrigen wird von jeder ausführlichen Motivierung der aufgestellten Sätze, einem ausdrücklichen Wunsch der Kommission entsprechend, abgesehen, vielmehr lediglich auf die eingegangenen Gutachten, sowie den bereits erwähnten Bericht des Dr. Berthold (f. u. S. 56) über das gesammelte Material verwiesen.

Die von der Komission an die Frage gewandte Arbeit und die Verhandlungen des Vereins über dieselbe werden nutzbringend sein, wenn sie dazu beitragen, eine **schärfere und bessere Grenzscheidung zwischen dem Gebiet des Armenwesens und des öffentlichen Rechts** herbeizuführen und dadurch die Gemeindeverwaltungen, denen in der Hauptsache die Aufstellung der Wahllisten obliegt, von dem jetzt fast unvermeidlichen Verdacht der Willkür bei diesem wichtigen Geschäft zu befreien.

Die Kommission.
von Massow, Vorsitzender.
Flesch, Schriftführer.

II.

Bericht

von

Landrichter Dr. **P. F. Aschrott**-Berlin.

Die Enquete, welche von unserer Kommission über die Frage veranstaltet worden ist, in welcher Weise die gesetzlichen Bestimmungen, kraft deren der Empfang öffentlicher Armenunterstützung den Verlust des Wahlrechts nach sich zieht, gehandhabt werden, hat die allergrößten Verschiedenheiten in der Handhabung ergeben. Über das durch die Enquete gewonnene Material des näheren zu berichten, hat Herr Dr. Berthold übernommen; für die mir gestellte Aufgabe, Vorschläge über die zweckmäßig und richtig erscheinende legislative Beordnung der Frage zu machen, genügt es, aus diesem Material folgendes festzustellen:

Für die Verschiedenheiten, welche hinsichtlich der Handhabung der einschläglichen gesetzlichen Bestimmungen — insbesondere über das Reichstagswahlrecht, das für unseren Verein, als einen ganz Deutschland umfassenden, in erster Linie in Frage kommt — ermittelt sind, lassen sich durchschlagende innere Gründe nicht anführen. Es liegt zwar die Vermutung nahe, daß auf die Verschiedenheit der Handhabung — vielleicht unbewußt — die recht verschiedene Art, wie in der Landesgesetzgebung die Frage des Einflusses der Armenunterstützung auf das Wahlrecht geordnet ist, einen Einfluß ausgeübt hat, daß z. B. die Thatsache, daß nach gesetzlicher Bestimmung in Württemberg eine Armenunterstützung, die nur für einen vorübergehenden Unglücksfall gewährt worden ist, den Verlust des Wahlrechts bei den Landtagswahlen nicht zur Folge hat, daß noch weitergehend in Baden und Hessen überhaupt eine vorübergehende Armenunterstützung ohne Einfluß auf das Landtagswahlrecht ist, dazu geführt haben könnte, auch bei dem Reichstagswahlrechte in diesen Bundesstaaten den Verlust des Wahlrechts mit einer vorübergehenden Armenunterstützung nicht zu verknüpfen. Allein, diese Vermutung wird durch das bei der Enquete gewonnene Material nicht gestützt und ist jedenfalls zur Erklärung der ermittelten Verschiedenheiten in der Handhabung nicht ausreichend. Denn einerseits wird in den erwähnten Bundesstaaten in vielen Bezirken der Verlust des Reichstagswahlrechts infolge vorübergehender Armenunterstützung angenommen, andererseits wird in anderen Bundesstaaten, vor allem in Preußen, wo die Landesgesetzgebung den Empfang einer vorübergehenden Armenunterstützung von der Folge des Verlustes des Wahlrechts nicht ausschließt, trotzdem vielfach ein Verlust des Wahlrechts bei vorübergehender Armenunterstützung nicht angenommen.

Man kann sich in der That bei unbefangener Prüfung des gewonnenen Materials dem Schlusse nicht entziehen, daß die hervortretenden **Verschiedenheiten auf reiner Willkür beruhen**: in dem einen Bezirke werden die an sich dürftigen gesetzlichen Bestimmungen strikte interpretiert; in anderen Bezirken haben Härten, die bei einer strikten Interpretation sich herausgestellt haben oder befürchtet worden sind, Veranlassung gegeben, Ausnahmen von dem Verluste des Wahlrechts als Folge von Armenunterstützung nach den verschiedensten Richtungen hin zuzulassen.

Eine derartige Willkür unterliegt aber sehr schweren Bedenken. Es ist zunächst politisch gefährlich, den Verdacht aufkommen zu lassen, daß die Streichung aus der Wählerliste nicht nach festen Grundsätzen erfolgt; einem Manne, der in dem Bezirke A. trotz Empfangs einer bestimmten Art von Armenunterstützung zum Reichstagswahlrecht zugelassen worden ist, und dann bei seinem Verzuge in den Bezirk B., obwohl er dort lediglich dieselbe Armenunterstützung wie früher erhält, in der Wählerliste gestrichen wird, kann man es nicht verdenken, wenn er zu der Meinung gelangt, daß seine Streichung lediglich aus persönlichen Gründen, etwa wegen seiner politischen Gesinnung, erfolgt sei. Es bedarf keiner weiteren Darlegung, wie leicht dies dazu führen und dazu ausgenutzt werden kann, die Zahl der mit den bestehenden Einrichtungen Unzufriedenen zu vermehren.

Aber auch von dem Standpunkte des Armenwesens aus ist diese Willkür bedauerlich. Es wird allgemein als eine Forderung eines rationellen Armenwesens und als eine wichtige Maßregel gegen die mit einer öffentlichen Armenpflege verbundenen Gefahren anerkannt, daß mit dem Empfange von Armenunterstützung Beschränkungen verbunden sein müssen, welche veranlassen, daß die Bevölkerung von der Inanspruchnahme der Armenunterstützung, so lange es noch irgend möglich ist, Abstand nimmt und rechtzeitig selbst für die Zukunft, für etwaige schlechte Zeiten, Vorsorge trifft. Zu diesen Beschränkungen gehört aber auch der an den Empfang von Armenunterstützung geknüpfte Verlust des Wahlrechts. Der von einer solchen Beschränkung erhoffte Erfolg muß aber in erheblicher Weise gefährdet werden, wenn das Eintreten dieser Beschränkung ungewiß ist und nicht sicher vorausgesehen werden kann, da dann nur zu leicht der Einzelne sich darauf verläßt, daß in dem konkreten Falle die Beschränkung nicht eintreten wird.

Man wende gegen die hier angeführten Bedenken auch nicht ein, daß von der großen Masse der Bevölkerung auf das Wahlrecht kein so großer Wert gelegt werde, und daß sie deshalb einen etwaigen Verlust desselben gar nicht als ein wirkliches Übel empfinde. Ich halte zunächst die diesem

Einwande zu Grunde liegende Annahme für thatsächlich unzutreffend; schon die von Jahr zu Jahr regere Teilnahme gerade der niederen Volksschichten, aus denen sich doch im wesentlichen die Empfänger von Armenunterstützung rekrutieren, an den Wahlen, spricht für das Gegenteil. Aber hiervon ganz abgesehen, liegt es im staatlichen Interesse, jede Teilnahme an staatlichen Handlungen, und so auch die Wahlberechtigung, möglichst hochzuhalten und nicht etwa als etwas Gleichgültiges zu behandeln oder behandeln zu lassen.

Es liegt mir nun völlig fern, hier meine persönlichen Anschauungen über dies oder jenes Wahlsystem auch nur anzudeuten; ich würde damit Politik treiben und die Satzungen unseres Vereins auf das gröblichste verletzen. Auch wer ein Gegner des für die Reichstagswahl geltenden allgemeinen Wahlrechts ist, auch wer den Anschauungen einer unserer Auskunftspersonen zustimmt, der auf die Frage nach Verbesserungsvorschlägen wörtlich antwortete:

„Es wäre vielleicht besser, wenn wir alle auf dem Wahlrechte (sic) verzichteten, denn die Wahlen bringen nur eine Aufregung ins Volk und gegenseitige Verbitterung, welche sehr oft schlimme Folgen nach sich zieht, und verleitet junge Leute, nichts zu thun, indem dieselben fortwährend nur für Wahlen schwärmen,"

auch diese werden zugeben müssen, daß es nicht angängig ist, auch nur den Anschein zu erwecken, daß die einmal gesetzlich bestehende Wahlberechtigung durch extensive oder restriktive Auslegung der gesetzlich statuierten Ausnahmefälle hintenherum nach der einen oder anderen Richtung geändert werde.

Was wir also im allgemeinen öffentlichen wie im speciellen Interesse der Armenpflege fordern müssen, ist, daß die Frage: in welchen Fällen durch den Empfang von Armenunterstützung der Verlust der sonst vorhandenen Wahlberechtigung eintritt, gesetzlich so präcis beantwortet wird, daß eine verschiedenartige Auslegung von vornherein ausgeschlossen ist.

Wie verhält sich nun die bestehende Gesetzgebung zu dieser Forderung?

Es erscheint mir richtig und den Satzungen unseres Vereins entsprechend, hierbei nur auf das Reichstagswahlrecht einzugehen. Das zunächst für den Reichstag des Norddeutschen Bundes ergangene, jetzt aber als Reichsgesetz geltende Wahlgesetz vom 31. Mai 1869 bestimmt in § 3: „Von der Berechtigung zum Wählen sind ausgeschlossen . . . 3. Personen, welche eine Armenunterstützung aus öffentlichen oder Gemeindemitteln beziehen oder im letzten, der Wahl vorhergehenden Jahre bezogen haben."

Diese Bestimmung hat, soweit mir bekannt, in der wissenschaftlichen Litteratur, abgesehen von einigen wenigen Bemerkungen bei v. Mohl (Zeitschrift für die gesamte Staatswissenschaft, Band 30, Seite 541 ff.) bisher überhaupt keine Erörterung gefunden. Und auch der Reichstag selbst hat sich mit dieser Bestimmung niemals beschäftigt, nur die Wahlprüfungs-Kommission des Reichstags hat einmal im Jahre 1874 bei Gelegenheit der Prüfung der Wahl des Freiherrn von Stauffenberg in München sich dahin ausgesprochen, daß die Gewährung von Lehrmittelfreiheit als Armenunterstützung im Sinne des Reichstagswahlgesetzes nicht zu erachten sei; ein ausdrücklicher Beschluß über diese Frage ist aber auch hierbei nicht gefaßt worden. Und doch giebt die Bestimmung zu erheblichen Bedenken und Zweifeln Anlaß. Schon die Fassung läßt vermuten, daß die Bestimmung etwas schnell und ohne vorherige gründliche Beratung getroffen worden ist; denn sonst ist der Ausdruck „aus öffentlichen oder Gemeindemitteln" schwer zu erklären. Gemeindemittel sind doch auch öffentliche Mittel, was soll also ihre besondere Hervorhebung neben den öffentlichen Mitteln bedeuten? Aber vor allem erhebt sich die Frage, was ist eine Armenunterstützung im Sinne des Reichstagswahlrechtes? Die regelmäßige Antwort hierauf lautet: jede Unterstützung, die auf Grund des geltenden Armenrechts gewährt wird. Diese Antwort ist aber schon deshalb nicht befriedigend, weil wir in Deutschland ein einheitliches Armenrecht nicht besitzen, vielmehr nur in dem größeren Teile Deutschlands das Reichsgesetz über den Unterstützungswohnsitz vom 6. Juni 1870 Gültigkeit hat, während in Bayern das Gesetz über die öffentliche Armen= und Krankenpflege vom 29. April 1869 gilt und das Armenwesen in Elsaß=Lothringen noch auf dem bekanntlich von dem deutschen Armenrechte recht verschiedenen französischen Systeme beruht. Es würde also hiernach die Frage der Wahlberechtigung für Deutschland nicht einheitlich, sondern für die verschiedenen Teile Deutschlands verschieden geregelt sein. Aber auch für den größeren Teil Deutschlands, wo das Gesetz von 1870 gilt, erscheint es zweifelhaft, ob es wirklich die Absicht des Gesetzgebers gewesen ist, daß die Bestimmungen des Gesetzes von 1870 für die Frage der Wahlberechtigung maßgebend sein sollten. Das Gesetz von 1870 hat in erster Linie den Zweck, das Verhältnis der verschiedenen Armenverbände untereinander zu regeln und festzustellen, welchem von verschiedenen Armenverbänden eine unterstützungsbedürftige Person zur Last fallen soll. Wohin es führt, wenn man den vorzugsweise aus finanziellen Erwägungen getroffenen Bestimmungen des Gesetzes von 1870 eine ausschlaggebende Bedeutung für die doch wesentlich politische Frage der Wahlberechtigung beimißt, möge folgendes Beispiel klarlegen. Nach § 15 des Gesetzes von 1870 teilt die Ehefrau vom Zeitpunkte der Eheschließung ab den Unterstützungswohnsitz des Mannes, und nach §§ 19 und 21 haben eheliche und uneheliche Vorkinder einer Ehefrau denselben Unterstützungswohnsitz wie diese. Auf Grund dieser Gesetzesbestimmungen hat das Bundesamt für das Heimatswesen durchaus zutreffend sich dahin ausgesprochen, daß wenn ein außereheliches oder ersteheliches Kind einer Frau im Wege der Armenpflege in eine Anstalt (z. B. Blindenanstalt) untergebracht ist, selbst wenn dies vor der Eheschließung mit ihrem jetzigen Manne geschah, stets der Armenverband des Unterstützungswohnsitzes des Ehemannes als der unterstützungsverpflichtete anzusehen sei, daß also auf Grund des sogenannten „abgeleiteten Unterstützungswohnsitzes" die dem vorehelichen oder erstehelichen Kinde einer Frau gewährte Unterstützung als Armenunterstützung ihres jetzigen Ehemannes zu behandeln sei, und zwar gleichgültig, ob dieser civilrechtlich zur Alimentation des Kindes verpflichtet ist oder nicht. Hieraus folgt, wenn man das Gesetz von 1870 für die Frage des Verlustes des Wahlrechts infolge von Armenunterstützung für maßgebend erachtet, daß ein Mann aus der Wahlliste zu streichen ist, wenn seine Frau aus der Zeit vor der Ehe ein unterstützungsbedürftiges Kind hat, zu dessen Alimentation der Mann nicht verpflichtet ist, ja von dessen Existenz der Mann, weil sich das Kind immer in einer Anstalt be=

funden hat, vielleicht garnichts gewußt hat. Kann man annehmen, daß der Gesetzgeber bei dem Wahlgesetze dies wirklich gewollt hat? Ich glaube, die Frage aufwerfen, heißt schon sie verneinen! Und doch können die Behörden, welche die Bestimmungen des Wahlgesetzes strikte auf Grund des Gesetzes von 1870 auslegen, gar nicht umhin, die Frage in bejahendem Sinne zu entscheiden. So weit sie es nicht thun, entfernen sie sich zwecks Vermeidung der sonst entstehenden Härten und Ungerechtigkeiten von der striften Gesetzes=auslegung und verlieren damit ein= für allemal den festen Boden für die Entscheidung der Frage der Wahlberechtigung.

Ich glaube, das Angeführte genügt zum Beweise dafür, **daß der heutige Zustand unbefriedigend ist**. Wenn einzelne Städte, wie z. B. Frankfurt a. M., durch ortsstatutarische Bestimmungen eine Regelung für die bei der heutigen Lage der Gesetzgebung aufgetauchten Zweifel und Schwierigkeiten versucht haben, so ist dies Bestreben sicherlich lobenswert; es enthält aber keine Lösung der Frage, die für ganz Deutschland einheitlich und gleichmäßig entschieden werden muß.

Eine befriedigende Lösung aber kann nur darin gefunden werden, daß im Wege der Gesetzgebung eine deklaratorische Bestimmung ergeht, in welchen Fällen von Armenunterstützung ein Verlust des Wahlrechts in Gemäßheit des § 3 Ziffer 3 des Gesetzes von 1869 eintreten soll. Man wird sich nach meiner Meinung dabei aber nicht darauf beschränken können, einzelne Arten von Unterstützungen von der Folge des Wahlverlustes auszuschließen, sondern principiell in Erwägung ziehen müssen, inwieweit ein Einfluß der Armenunterstützung auf das Wahlrecht unter Berücksichtigung der in der Praxis hervorgetretenen Schwierigkeiten und Zweifel an sich gerechtfertigt ist. Ehe ich zu den zu machenden Vorschlägen übergehe, wird es sich daher empfehlen, zunächst eine Verständigung für die ratio legis bezüglich des Wahl=verlustes infolge von Armenunterstützung zu suchen; die Einzelvorschläge werden sich daraus von selbst ergeben.

Als gesetzgeberischer Grund für die Entziehung des Wahlrechts im Falle der Armenunterstützung wird vielfach angeführt: die Entziehung erfolge zur Strafe dafür, daß die Betreffenden nicht selbst für die Zeit der Not Vorsorge getroffen hätten und infolge dieses Unter=lassens nun die öffentlichen Mittel für sich in Anspruch nähmen. Ich halte diesen Standpunkt für durchaus irrig: eine Strafe kann immer nur im Falle und beim Nachweise eines Verschuldens eintreten; wenn die Anschauung also richtig wäre, müßte ein Unterschied zwischen verschuldeter und unver=schuldeter Inanspruchnahme der Armenunterstützung gemacht werden, und dürfte die Entziehung des Wahlrechts nur im ersteren Falle erfolgen. Nun weiß aber jeder in der praktischen Armenpflege Thätige, wie schwer es häufig ist, die Ursachen der Bedürftigkeit richtig zu ermitteln und auch nur mit einiger Wahrscheinlichkeit festzustellen, ob einen in Not Geratenen an dem Eintreten dieses Zustandes ein eigenes Verschulden trifft oder nicht. Wollte man es den Lokalbehörden überlassen, je nachdem sie verschuldete oder unverschuldete Hilfsbedürftigkeit annehmen, die Streichung des Unter=stützten in der Wählerliste vorzunehmen oder zu unterlassen, so würde einer völlig unerträglichen Willkür Thür und Thor geöffnet sein. Richtig ist an

der erwähnten Anschauung nur, daß in der That die Entziehung des Wahl=
rechts, wie dies schon oben angeführt, als ein wichtiges Präventivmittel
gegen eine leichtsinnige Inanspruchnahme der öffentlichen Armenunterstützung
in Betracht kommt. Diesen Zweck wird man bei der Regelung der Ent=
ziehung des Wahlrechts sehr wohl im Auge behalten können und müssen,
ohne daß man darin auch gleichzeitig den inneren Grund für die Ent=
ziehung erblicken darf.

Ebenso verfehlt ist es, als Grund der Entziehung des Wahlrechts die
durch die Inanspruchnahme der öffentlichen Armenunterstützung konstatierte
völlige Vermögenslosigkeit des Unterstützten zu erachten und aus der That=
sache, daß der Betreffende sich selbst zu erhalten außerstande ist, die
Folgerung zu ziehen, daß er auch für unfähig erachtet werden müsse, an
irgend welcher staatlichen Thätigkeit teilzunehmen. Die Frage, ob es nicht
richtig wäre, als Bedingung für die Ausübung des Wahlrechts einen be=
stimmten Census festzusetzen, kann theoretisch sehr wohl aufgeworfen werden;
aber, da thatsächlich das hier in Betracht gezogene Reichstagswahlrecht an
einen Census nicht geknüpft ist, so wäre es unlogisch, die Entziehung des
Wahlrechts im Falle der Armenunterstützung als eine Folge der konstatierten
völligen Vermögenslosigkeit aufzufassen. Dabei mag auch auf die Ungerechtig=
keiten hingewiesen werden, die sich bei dieser Begründung der Entziehung
des Wahlrechtes in der Praxis herausstellen würden, indem der Hilfs=
bedürftige an dem einen Orte, wo er aus vorhandenen reichen Stiftungs=
mitteln oder von einer wohlorganisierten Privatwohlthätigkeit die erforderliche
Unterstützung findet, sein Wahlrecht trotz unzweifelhaft bestehender völliger
Vermögenslosigkeit behalten würde; an einem anderen Orte dagegen, wo er
lediglich auf die öffentliche Armenunterstützung angewiesen ist, er bei durch=
aus gleicher Sachlage das Wahlrecht verlieren würde.

Der durchschlagende Grund für die Entziehung des Wahlrechts infolge
öffentlicher Armenunterstützung kann vielmehr nur darin gefunden werden,
daß der Unterstützte durch die Inanspruchnahme öffentlicher
Hilfe seine Selbständigkeit verliert und in eine thatsäch=
liche Abhängigkeit gerät, und daß damit bei ihm jede
Garantie für eine unbeeinflußte Ausübung des Wahlrechts
schwindet. Jeder, der die Teilnahme an staatlicher Thätigkeit hoch und
unbefleckt erhalten will, muß, gleichgültig welcher politischen Anschauung er
im übrigen ist, verlangen, daß diejenigen vom Wahlrechte ausgeschlossen
werden, welche sich in einer so großen Abhängigkeit und Unselbständigkeit
befinden, wie sie der Empfang öffentlicher Armenunterstützung naturgemäß
mit sich bringt. Als charakteristisches und zugleich als abschreckendes Beispiel
kann dabei auf die Erfahrungen hingewiesen werden, die in einzelnen
amerikanischen Städten, wie Chicago, wo mit dem Empfang von Armen=
unterstützung der Verlust des Wahlrechts bei den städtischen Wahlen nicht
verbunden ist, gemacht worden sind: die Zahl der öffentlich Unterstützten
wächst hier vor jeder Wahl in das Ungeheuerliche, weil die am Ruder be=
findliche Partei durch mehr als freigebige Gewährung von Unterstützungen
Stimmen für sich zu fangen bestrebt ist. Dies Beispiel zeigt zur Genüge,

wie berechtigt es ist, mit dem Empfange von Armenunterstützung den Verlust des Wahlrechts zu verbinden.

Aber, wenn man der hier vertretenen Anschauung über den Grund der Entziehung des Wahlrechts beitritt, so braucht man doch nicht so weit zu gehen, mit jeder Art von Armenunterstützung den Verlust des Wahlrechts zu verknüpfen. Es giebt vielmehr bestimmte Arten von Unterstützungen, bei welchen ihrer Natur nach die Gefahr, daß der Empfänger in ein Abhängigkeitsverhältnis gerät, welches Bedenken gegen eine unbeeinflußte Ausübung des Wahlrechts erwecken muß, ausgeschlossen erscheint. So weit dies der Fall — was noch näher zu erörtern ist — kann man unbedenklich Ausnahmen von der Regel, daß mit dem Empfang von Armenunterstützung der Verlust des Wahlrechts eintritt, statuieren. Und man wird auf diese Weise die wesentlichsten Härten und Ungerechtigkeiten, welche sich in der Handhabung der bezüglichen Gesetzesbestimmungen bisher gezeigt haben, beseitigen können. Freilich wird man den Kreis dieser Ausnahmen nicht zu weit fassen dürfen und immer im Auge behalten müssen, daß durch die festzusetzenden Ausnahmen nicht das armenpolizeiliche Moment abgeschwächt wird, welches ich oben dahin fixirt habe: Die Bevölkerung soll durch die mit dem Empfange von Armenunterstützung verbundenen Beschränkungen im Wahlrecht von leichtsinniger Inanspruchnahme der öffentlichen Armenpflege abgehalten und zu rechtzeitiger eigener Vorsorge für die Tage der Not veranlaßt werden.

Von den angeführten Gesichtspunkten aus erscheint es mir zunächst unbedenklich, den Verlust des Wahlrechts auf diejenige öffentliche Unterstützung zu beschränken, die dem Empfänger selbst oder einem seiner alimentationsberechtigten Familienglieder gewährt wird. Damit werden diejenigen Härten beseitigt, welche sich aus der Anknüpfung des Begriffs der Armenunterstützung an die Bestimmungen des Unterstützungswohnsitzgesetzes ergeben haben. Bei den Fällen des sogenannten abgeleiteten Unterstützungswohnsitzes können weder von dem politischen noch von dem armenpolizeilichen Gesichtspunkte aus durchschlagende Gründe für eine Entziehung des Wahlrechts geltend gemacht werden. Da im Bürgerlichen Gesetzbuche, dessen baldiges Zustandekommen wir jetzt wohl mit Sicherheit erwarten können, die Frage, wer zur Alimentation civilrechtlich verpflichtet ist, einheitlich für ganz Deutschland geregelt werden wird, so kommen wir auf diese Weise auch zu einer einheitlichen Ordnung bezüglich des Einflusses der Armenunterstützung auf das Wahlrecht trotz der wohl noch lange bestehen bleibenden Verschiedenheiten des Armenrechtes in Deutschland.

Aber, ich glaube, man wird weitergehend nicht jede einem alimentationsberechtigten Familiengliede gewährte öffentliche Unterstützung bezüglich des Verlustes des Wahlrechtes dem Familienhaupte zuzurechnen brauchen. Wo das Familienglied durch Eintritt in ein Dienst- oder Arbeitsverhältnis thatsächlich bereits selbständig geworden und aus dem Familienhaushalte ausgetreten ist, erscheint es unbillig und nicht gerechtfertigt, die dem bereits selbständig gewordenen Familiengliede gewährte Unterstützung dem Familienhaupte anzurechnen, wenn auch das Letztere civilrechtlich noch zur Alimentation verpflichtet ist. Von demselben Gesichtspunkte aus dürfte eine Ausnahme für diejenigen Familienglieder zu statuieren sein, welche infolge von Krankheit und Gebrechen in einer öffentlichen Anstalt untergebracht sind und voraussichtlich dauernd dieser Unterstützung bedürftig sein werden. Man kann diese Unglücklichen, zu denen insbesondere Idioten, Wahnsinnige, Taube, Blinde u. s. w. zu rechnen sind, als dauernd aus dem engeren Familienverbande ausgeschieden betrachten. Es erscheint als eine Härte, dem Vater eines idiotischen Kindes, welcher nur wegen dieses Kindes und für dasselbe die öffentliche Unterstützung in Anspruch nimmt, von dem Wahlrechte auszuschließen, und es ist das auch weder von dem politischen noch von dem armenpolizeilichen Gesichtspunkte aus irgendwie geboten.

Was sodann diejenigen Arten von Unterstützungen betrifft, bei denen mir die Statuierung einer Ausnahme von der gesetzlichen Folge des Verlustes des Wahlrechts angebracht erscheint, so zähle ich hierzu einmal jede Gewährung von Unterstützung zu Erziehungszwecken und weiterhin die Gewährung freier ärztlicher Behandlung, von Arzeneien, Heilmitteln u. s. w.

Die erstere Ausnahme wird wohl kaum Widerspruch finden. Aus den von unserer Kommission erhobenen Ermittelungen ergiebt sich auch, daß diese Ausnahme schon heute fast überall gemacht wird. Es würde in der That mit dem Principe des obligatorischen Schulunterrichts nicht vereinbar sein, einen Vater, welcher zur Erfüllung der ihm obliegenden Verpflichtung, seine Kinder zur Schule zu schicken und sie etwas lernen zu lassen, einer Unterstützung bedarf, deswegen aus der Wählerliste zu streichen. Und man wird im Interesse kultureller Bestrebungen gut thun, diese Ausnahme möglichst weit zu fassen und alle Beihilfe zur Kindererziehung von der Folge des Verlustes des Wahlrechts auszuschließen.

Auf mehr Widerspruch bin ich bei der von mir vorgeschlagenen Ausnahme bezüglich der Gewährung freier ärztlicher Behandlung u. s. w. gefaßt. Für den Vorschlag bestimmend ist für mich der Gesichtspunkt, daß die rechtzeitige Anrufung ärztlicher Hilfe in Krankheitsfällen im Interesse der öffentlichen Gesundheitspflege liegt und deshalb nicht mit einer Beschränkung verknüpft sein sollte, die möglicherweise zu einer Abstandnahme von rechtzeitiger ärztlicher Hilfe veranlassen könnte. Politische Bedenken können gegen den Vorschlag schwerlich angeführt werden, wohl aber gebe ich zu, daß mein Vorschlag gegen den armenpolizeilichen Gesichtspunkt verstößt, weil damit ein Antrieb, selbst für die Tage der Krankheit Vorsorge zu treffen, in Wegfall kommt. Allein einmal ist mir hier der hygienische Gesichtspunkt wichtiger als der armenpolizeiliche, und sodann hat die ganze Frage in Deutschland, wo der größere Teil der in Betracht kommenden Bevölkerungsklasse bereits durch das Krankenversicherungsgesetz obligatorisch zur Vorsorge für die Krankheitsgefahr angehalten ist, keine allzu große praktische Bedeutung.

Hiermit aber möchte ich die Ausnahmen von dem Grundsatze, daß mit öffentlicher Armenunterstützung der Verlust des Wahlrechts zu verknüpfen ist, abschließen. Ich kann namentlich der besonders in Süddeutschland in der Praxis vertretenen Anschauung, ganz allgemein die Fälle einer vorübergehenden Armenunterstützung von der Folge des Verlustes des Wahlrechts

auszunehmen, de lege ferenda nicht zustimmen. Was als eine vorüber=
gehende Unterstützung zu erachten ist, wie lange eine Unterstützung gewährt
sein muß, um als eine dauernde angesehen zu werden, das läßt sich rationell
kaum scharf fixieren, und es würde dabei eine Verschiedenheit der Aus=
legung seitens der einzelnen Behörden zu befürchten sein, deren Vermeidung
mir hier, wo es sich um den Verlust öffentlicher Rechte handelt, unbedingt
erforderlich erscheint. Aber, abgesehen davon, daß ich den Begriff der vor=
übergehenden Armenunterstützung hier nicht für verwendbar erachte, möchte
ich auch aus dem von mir oben für die Entziehung des Wahlrechts angeführten
politischen und armenpolizeilichen Gesichtspunkte der Statuierung einer so
weitgehenden Ausnahme widersprechen. Mit der hier vertretenen Anschauung
über Grund und Zweckmäßigkeit der Entziehung des Wahlrechts ist es ent=
schieden nicht vereinbar, alle Fälle vorübergehender Armenunterstützung von
dem Verluste des Wahlrechts auszuschließen.

Ich komme nunmehr zu der weiteren Frage, wie lange soll ein
einmal infolge von Armenunterstützung eingetretener Verlust des Wahlrechts
dauern?

Hier weichen die einschläglichen Bestimmungen in den verschiedenen be=
züglich des Wahlrechts in Frage kommenden Gesetzen erheblich von einander
ab. Nach dem Reichstagswahlgesetze ist von dem Wahlrechte ausgeschlossen,
wer Armenunterstützung bezieht oder im letzten Jahre bezogen hat. Über=
einstimmend damit giebt die preußische Städteordnung für die 6 östlichen
Provinzen das Wahlrecht nur demjenigen, der seit einem Jahre keine Armen=
unterstützung empfangen hat. Bei den preußischen Landtagswahlen dagegen
kommt es lediglich darauf an, daß der Betreffende Armenunterstützung zur
Zeit nicht erhält. Nach der sächsischen Städteordnung wiederum darf der
Wahlberechtigte in den letzten zwei Jahren Unterstützung nicht erhalten
haben u. s. w. Ich halte es nun nicht für richtig, wie es für die
preußischen Landtagswahlen vorgeschrieben ist, lediglich darauf Gewicht zu
legen, daß zur Zeit der Wahl der Betreffende sich nicht im Empfange von
Armenunterstützung befindet. Eine solche Bestimmung kann sehr leicht
Anlaß zu Wahlumtrieben geben, indem eine Partei oder ein Kandidat Leute,
welche bisher Armenunterstützung aus öffentlichen Mitteln erhalten haben,
während der Wahlzeit aus privaten Mitteln unterstützt, um so deren Stimme
für sich zu gewinnen. Für die Sicherung einer unbeeinflußten Ausübung
des Wahlrechts ist es unbedingt erforderlich, daß der Wahlberechtigte bereits
geraume Zeit vor der Wahl keine Unterstützung mehr erhalten hat; ob man
eine Frist von 6 Monaten oder einem Jahre oder zwei Jahren seit dem
letzten Empfange von Armenunterstützung als genügend für die Annahme,
daß der Mann wieder zu wirtschaftlicher Selbständigkeit und Unabhängigkeit
gekommen ist, erachten soll, darüber läßt sich streiten. Jedenfalls liegt nach
meiner Meinung zu einer Änderung der für das Reichstagswahlrecht einmal
gesetzlich bestimmten Frist von einem Jahre kein Anlaß vor.

Dagegen halte ich das Reichstagswahlgesetz insofern für reformbedürftig,
als nach demselben auch derjenige des Wahlrechtes verlustig bleibt, der eine
während der Jahresfrist erhaltene Armenunterstützung längst zurückgezahlt
hat. Zunächst ist es vom politischen Gesichtspunkte aus unbedenklich, von

einem Manne, der die ihm gewährte Armenunterstützung vollständig zurück=
gezahlt hat, anzunehmen, daß er diejenige Selbständigkeit und Unabhängig=
keit, welche für die Ausübung des Wahlrechtes gefordert werden muß, wieder=
erlangt hat. Dann aber sprechen sehr wichtige allgemeine Gründe des
Armenwesens dafür, daß man in der Bevölkerung den Antrieb, freiwillig
die einmal gewährte Unterstützung zurückzuzahlen, möglichst steigere, und man
kann dies nicht wirkungsvoller thun, als indem man für den Fall der
Zurückzahlung die sofortige Wiederaufnahme in die Wählerliste in Aussicht
stellt. Dies bietet zugleich die geeignete Abhilfe gegen Härten, welche mit
der von mir verlangten Streichung in der Wählerliste bei Empfang vor=
übergehender Armenunterstützung verbunden sein könnten. Hat ein Mann
die gewährte Unterstützung zurückgezahlt, so ist damit der sicherste Beweis
geliefert, daß seine Hilfsbedürftigkeit nur gleichsam eine Episode in seinem
Leben war, daß nur besonders widrige Umstände oder besondere Unglücks=
fälle den seinem Wesen nach selbständigen und unabhängigen Mann zur
Inanspruchnahme öffentlicher Unterstützung veranlaßt haben, und daß er,
wie die Zurückzahlung der Unterstützung beweist, mit Erfolg bestrebt gewesen
ist, sich sobald als möglich wieder als selbständiger Mann zu zeigen. Ja,
es wäre sehr wünschenswert, wenn die Praxis, wie sie heute bereits in
einzelnen Städten, so Hamburg und Berlin, teilweise besteht, allgemeine
Verbreitung finden würde, daß nämlich jeder Unterstützte bei dem ersten
Empfange von Armenunterstützung durch ein zu unterschreibendes Formular
auf die Folgen der gewährten Unterstützung ausdrücklich hingewiesen würde,
insbesondere auch darauf, daß er, so lange er die Unterstützung bezieht und
sie nicht zurückgezahlt hat, seines Wahlrechts verlustig ist. Ich bin davon
überzeugt, daß die von mir vorgeschlagene gesetzliche Bestimmung der Wieder=
aufnahme in die Wählerliste bei Zurückzahlung der gewährten Armenunter=
stützung, verbunden mit einer derartigen Praxis, die Fälle der Zurückzahlung
erheblich vermehren würde. Ich möchte übrigens bemerken, daß mein Vor=
schlag durchaus nicht etwas absolut Neues enthält, daß sich vielmehr in
einzelnen Landesgesetzen, z. B. in der hannoverschen Städteordnung vom
24. Juni 1858 und in dem Gesetze vom 14. April 1869, betreffend die
Verwaltung der Städte und Flecken in Schleswig=Holstein eine entsprechende
Bestimmung findet.

In Anknüpfung hieran habe ich noch einen, von mehreren Seiten ge=
machten Vorschlag zu erwähnen: nämlich eine Armenunterstützung dann nicht
als das Wahlrecht entziehend zu behandeln, wenn eine regreßpflichtige Stelle
für die Zurückzahlung der Unterstützung vorhanden ist. Gedacht ist hierbei
vor allem an die Fälle, wo der Betreffende einen Anspruch auf Unterstützung
oder Entschädigung auf Grund der neueren socialpolitischen Gesetze (Kranken=,
Unfall=, Alters= und Invaliditäts=Versicherungsgesetz) hat, der aber, weil
die erforderlichen Feststellungen noch nicht abgeschlossen sind, zunächst noch
nicht Erfüllung gefunden hat. Ich kann mich diesem Vorschlage nicht an=
schließen. In den hier in Betracht kommenden Fällen ist die Frage, ob
von der Berufsgenossenschaft, der Versicherungsanstalt u. s. w. nach der
konkreten Sachlage eine Entschädigung zu gewähren ist, und weiterhin, in
welcher Höhe sie zu gewähren ist, oft recht zweifelhaft und wird erst, nach=

dem mehrere Instanzen darüber angerufen worden sind, entschieden. Es erscheint recht bedenklich, hier den Lokalbehörden ein Urteil darüber anzuvertrauen, ob der Regreßanspruch begründet ist und ob infolge dessen die gewährte Unterstützung im vollen Umfange zur Zurückzahlung gelangt, und daraufhin den Lokalbehörden die Befugnis zu geben, je nachdem dies Urteil ausfällt, den Mann in der Wählerliste zu lassen oder aus derselben zu streichen. Die Sache liegt doch im wesentlichen nicht anders, als wenn ein Mann Armenunterstützung in Anspruch nimmt, obwohl er behauptet, noch ausstehende Forderungen zu haben, die aber z. Z. nicht liquide oder nicht einziehbar sind. Es wird niemand vorschlagen, einem solchen Manne, auch wenn seine Behauptung noch so glaubhaft erscheint, das Wahlrecht trotz der gewährten Unterstützung zu lassen. Die Remedur gegen etwaige Ungerechtigkeiten liegt auch hier in der von mir vorgeschlagenen Bestimmung, daß der Unterstützte sofort nach der Rückzahlung der Unterstützung in die Wählerliste wieder aufgenommen wird. Lediglich von der Thatsache der Zurückzahlung, einerlei ob sie nun von dem Unterstützten selbst oder von einer regreßpflichtigen Stelle erfolgt, nicht aber von der mehr oder weniger großen Wahrscheinlichkeit der Zurückzahlung kann die Entscheidung abhängig gemacht werden, ob der Betreffende wahlberechtigt ist oder nicht.

Eine andere Frage ist es, ob man nicht eifrigst darnach streben sollte, daß den Armenverwaltungen überall besondere Fonds aus gelegentlichen privaten Zuwendungen oder aus Stiftungsmitteln zur Verfügung gestellt werden, aus denen dieselben in der Lage wären, für besonders berücksichtigungswerte Fälle, wozu auch die eben erwähnten Fälle einer regreßpflichtigen Stelle unter Umständen gehören können, Unterstützungen in der Form von Darlehen zu gewähren, um damit in diesen Fällen die Folge des Verlustes des Wahlrechts überhaupt zu vermeiden. In den Großstädten bestehen bereits heute solche Fonds, aber sie sollten überall bestehen, und es entspricht der Tendenz unseres Vereins, auf solche Verbesserungen in dem Armenwesen, welche geeignet sind, mögliche Ungerechtigkeiten in der Entziehung des Wahlrechts vorzubeugen, nachdrücklichst hinzuweisen.

Mit diesem Hinweise möchte ich mein Referat schließen, und nur noch bemerken, daß, wenn ich bei meinen Betrachtungen zunächst das Reichstagswahlrecht in das Auge gefaßt habe, die von mir gemachten Vorschläge über den rationeller Weise zu statuierenden Einfluß der Armenunterstützung auf das Wahlrecht selbstverständlich auch für die sonstigen öffentlichen Wahlen ihre Bedeutung und Geltung haben. Die Vorschläge sind principieller Natur und finden deshalb auf jedes Wahlsystem Anwendung; das Herausgreifen des Reichstagswahlrechts erfolgte nur, um die Sache nicht unnötigerweise verwickelt zu machen und weil das Reichstagswahlrecht unseren Verein als einen ganz Deutschland umfassenden, in erster Linie interessiert.

Ich fasse meine Vorschläge in folgende, unserem Verein zur Beschlußfassung vorzulegende Resolution zusammen:

Der Deutsche Verein für Armenpflege und Wohlthätigkeit erachtet den Erlaß eines Reichsgesetzes für erwünscht, welches die Bestimmungen im § 3 Nr. 3 des Reichstagswahlgesetzes vom 31. Mai 1869 wie folgt deklariert:

1. Für den Verlust des Wahlrechts kommt nur diejenige Armenunterstützung in Betracht, welche dem Unterstützten selbst oder einem alimentationsberechtigten Familiengliede desselben gewährt ist.

2. Die einem alimentationsberechtigten Familiengliede gewährte Unterstützung wird jedoch dem Familienhaupte dann nicht angerechnet, a) wenn das Familienglied sich bereits in thatsächlich selbständiger Stellung außerhalb des Familienhaushaltes befindet, b) wenn das Familienglied sich infolge von Krankheit oder Gebrechen in voraussichtlich dauernder Verpflegung in einer Anstalt befindet.

3. Für den Verlust des Wahlrechts kommen diejenigen Unterstützungen nicht in Betracht, welche lediglich gewährt werden a) zu Erziehungszwecken, b) in der Form freier ärztlicher Behandlung, freier Verabreichung von Arzeneien und Heilmitteln.

4. Der Verlust des Wahlrechts tritt dann nicht ein, wenn die gewährte Unterstützung vor Auslegung der Wählerliste zurückgezahlt worden ist.

Berlin, November 1895.

III.

Bericht

von

Stadtrat Dr. **Flesch**-Frankfurt a. M.

Die von unserer Kommission veranstaltete Umfrage bei mehr als 100 Behörden, Städten und Ortschaften hat im großen Ganzen dasselbe Resultat gehabt, wie die auf meine Veranlassung seitens des Frankfurter Magistrats im Jahre 1890 bei einigen größeren Städten gehaltene Nachfrage. Die Fälle der Streichung in den Wahllisten wegen empfangener Armenunterstützung sind überall lediglich nach dem Ermessen der lokalen Obrigkeiten und infolgedessen nirgends gleichartig geregelt. Die Arbeit unserer Kommission wird unter allen Umständen das Verdienst haben, diese Thatsache festgestellt zu haben, dagegen wird sie für die Frage, in welcher Weise die offenbar notwendige einheitliche Regelung zu geschehen hat, keine reine Arbeit schaffen, sondern nur diejenigen Momente prüfen können, welche in den Bereich der Armenverwaltungen entfallen[1].

Maßgebend werden hier folgende Gesichtspunkte sein:

1. Die Verknüpfung der Minderung der politischen Rechte mit dem Bezug von Armenunterstützung hat ihren Ursprung nicht in der durch die Armenunterstützung bewirkten Abhängigkeit des Armen von dem Unterstützenden, die gerade bei der öffentlichen Armenpflege eine viel geringere ist, als bei der Privatarmenpflege, oder als die durch die wirtschaftlichen Verhältnisse bedingte Abhängigkeit des Arbeiters vom Arbeitgeber. Sie hat ebensowenig mit dem mangelnden wirtschaftlichen Äquivalent, d. h.

---

[1] Die mehr der Politik angehörige Frage z. B., ob es überhaupt richtig ist, die Minderung des Wahlrechts gerade an die Armenunterstützung, und nicht, wie andere Wahlgesetze, z. B. nur an die kriminelle Bestrafung u. dergl. anzuknüpfen, bleibt unerörtert.

mit der Thatsache zu thun, daß der Unterstützte vom Staat empfängt ohne für den Staat zu leisten, denn auch der Unterstützte trägt zu den Staatslasten durch die indirekten Steuern, die Militärpflicht u. s. w. bei. Dagegen soll sie zweifellos die Bedeutung einer Strafe haben, insofern vielfach die Armenunterstützung lediglich oder hauptsächlich durch die Schuld des Unterstützten veranlaßt wird und sie hat noch mehr die Bedeutung eines Abschreckungsmittels, da die tägliche Erfahrung lehrt, daß gerade die Furcht vor der Minderung der politischen Rechte von der Inanspruchnahme öffentlicher Armenpflege fern hält. Es ist unter diesen Umständen Sache der Armenverwaltung, darauf hinzuweisen, daß diese „Strafe" in sehr häufigen Fällen eine ungerechtfertigte Härte darstellt, insbesondere in den Fällen des abgeleiteten Unterstützungswohnsitzes, ferner in denjenigen, wenn thatsächlich ein Familienzusammenhang zwischen dem Bedürftigen und dem Unterstützten nicht mehr besteht. Es ist ferner Sache der Armenpflege, die Fälle namhaft zu machen, in welchen die beabsichtigte „Abschreckung" durch die Streichung in den Wahllisten nicht erreicht werden kann, weil die Armenpflege durch vom Willen des Unterstützten völlig unabhängige Momente herbeigeführt wird, oder in denen das Abschreckungsmittel sogar schädlich wirkt, weil es eben vom Nachsuchen der für die Familienangehörigen unentbehrlichen Unterstützung abhält. Endlich aber dürfte es auch unsere Aufgabe sein, auf gewisse Fälle aufmerksam zu machen, in welchen zwar gleichfalls alle die Momente zutreffen, die zu der Verbindung der Armenunterstützung mit dem Wahlverlust führen, ohne daß aber öffentliche Armenpflege im Rechtssinn vorliegt.

Demgemäß lassen sich meines Erachtens die Ergebnisse der Komissionsarbeiten in den Sätzen der

Anlage 1

zusammenfassen, zu denen im einzelnen nur folgende kurze Erläuterungen gegeben werden:

1. Zu I. Der Umfang des Begriffs der „öffentlichen Armenpflege," der „Unterstützung aus öffentlichen Mitteln" u. s. w. braucht innerhalb des Vereins nicht erörtert zu werden; dagegen muß die Thatsache, daß dieser Begriff ungenügend zur Entscheidung der angeregten Frage ist, und daß infolge dessen die Frage derzeit nach der Willkür der unteren Verwaltungsstellen entschieden wird, als wichtigstes Resultat der gemachten Erhebung festgestellt werden.

Zu Satz 2. Ohne in staatsrechtliche Kontroversen einzugehen, wird anzuerkennen sein, daß derzeit die Frage, ob die Streichung in der Wahlliste im konkreten Falle eine unzulässige Beschränkung in der Ausübung der (aus dem Genuß „aller bürgerlichen Rechte" fließenden) politischen Befugnisse (Art. 3, Absatz 1 und 2 der Reichsverfassung) darstellt, gesetzlich nicht geregelt ist, daß mithin die Reichsgesetzgebung, auch abgesehen von dem Zusammenhang der Materie mit dem Unterstützungswohnsitzgesetz, an der Frage interessiert ist.

2. Im übrigen wird zu den einzelnen bei der Regelung in Betracht zu ziehenden Fällen nur bemerkt:

Zu II. 1a. Die Fassung entspricht ungefähr dem Entwurf der Städteordnung und Landgemeindeordnung für die Provinz Hessen-Nassau (§ 5 der Städteordnung, § 12 der Landgemeindeordnung), wie derselbe auf meinen Antrag von dem zur Begutachtung des Regierungsentwurfs berufenen **sechsten hessischen Provinziallandtag von 1894** gestaltet ward. Bei der Debatte über diesen Antrag hatte der Abgeordnete Sanitätsrat Dr. Endemann nachdrücklich die sanitären Schäden des derzeitigen Zustandes hervorgehoben, wonach die Wahlberechtigten vielfach Abstand nähmen, kranke Kinder dem Hospital anzuvertrauen, um nicht in ihrem Wahlrecht beschränkt zu werden; von namhaften Abgeordneten hatten sich für den Antrag insbesondere Lieber, Enneccerus und Westerburg ausgesprochen[1].

Zu II. 1b. Vielfach kommt es vor, daß Sieche oder vom Schlag befallene Personen, ferner ruhige Geisteskranke, ebensogut als im Hospital oder besser in der Wohnung ihrer Angehörigen aufgehoben sind. Es wäre ungerecht, in diesem Falle den Familienvorstand, der durch die Pflege des Kranken sogar Opfer bringt, durch Entziehung des Wahlrechts zu strafen, wenn die den Armenverband schwer belastende Verpflegung des Kranken im Hospital ihm zu keinerlei Nachteil gereichen würde.

Der Vorschlag des Herrn Referenten, welcher den Familienvorstand **nur bei Anstaltspflege** des Angehörigen schützt, scheint zu eng. Die Beschränkung auf **dauernde** Hospitalpflege läßt zudem gerade die schlimmsten Härten bestehen, die eintreten, wenn z. B. der Vater eines diphtheriekranken Kindes, der sein Kind im Hospital behandeln läßt, eine Minderung seiner politischen Rechte erfahren soll.

Zu II. 1c. Der Vorschlag des Herrn Referenten zu 1 scheint mir etwas zu weit zu gehen. Die Überlassung zugebrachter Kinder an die Armenpflege sollte nicht durch Beseitigung der Nachteile, die sich an die Armenpflege anknüpfen, gefördert werden, wenigstens nicht so lange das wahlberechtigte Familienhaupt den Unterstützungswohnsitz der zugebrachten Kinder, d. h. die für dieselbe zahlungspflichtige Gemeinde, bestimmt.

Zu II. 2. Bei den hier namhaft gemachten Fällen kommen die für die Verknüpfung von Wahlrecht und Armenunterstützung maßgebenden Momente vollständig zur Anwendung. Insbesondere erscheint es nur gerechtfertigt, eine Minderung der politischen Rechte für denjenigen eintreten zu

---

[1] Vergl. Verhandlungen des VI. Provinziallandtags der Provinz Hessen-Nassau p. 126 ff. p. 204 ff. Herr Professor Enneccerus, als Referent, hatte sich anfänglich gegen den Antrag erklärt, da es selbstverständlich sei, daß man zwischen Kranken- und Armenunterstützung unterscheiden müsse; die erstere könne nie zu einer Minderung des Wahlrechts führen. Der Oberpräsident, Herr Magdeburg, hatte geglaubt, daß man auf den Antrag nicht eingehen solle, „weil derselbe nicht lediglich vom Standpunkte des Gemeinderechts, sondern vor allem in seinem Zusammenhange mit der Armengesetzgebung zu prüfen sei." Dabei war nur übersehen, daß der art. III. Abs. 3 der Reichsverfassung gerade die Bestimmungen, welche die Armenversorgung und die Aufnahme in den lokalen Gemeindeverband betreffen, von der reichsgesetzlichen Regelung ausschließt.

laſſen, der ſchuldhafter Weiſe, nämlich durch gefliſſentliches oder fahrläſſiges Vernachläſſigen ſeiner Erziehungspflicht, den Staat zum Einſchreiten im Intereſſe ſeiner Kinder zwingt, oder der ſchuldhafter Weiſe das Eintreten der Privatarmenpflege für ſeine Angehörigen notwendig macht. Es kann nur erwünſcht ſein, wenn dem Anreiz zu einem derartigen Verhalten durch entſprechende Beſtimmung im öffentlichen Rechte entgegen gewirkt wird.

Bei 2 f. iſt die geſetzliche Regelung gefordert zur Beſeitigung der Ungeheuerlichkeit, die darin liegt, daß derzeit, wenigſtens in Preußen, ein Mann, der ſeine Kinder gefliſſentlich verwahrloſen läßt, beſſer behandelt wird, als ein anderer, deſſen Kinder ohne ſein Verſchulden hoſpitalbedürftig werden. Ferner iſt der andere ſo häufige Fall erwähnt, daß insbeſondere die Kinderſchutzvereine (Peſtalozzivereine, Eliſabethenvereine, Vincenzvereine u. ſ. w.) ſo häufig in der Lage ſind, Kinder aufnehmen zu müſſen, lediglich weil ſie bei dem Vater der Verwahrloſung ausgeſetzt wären. Es verſteht ſich von ſelbſt, daß die geſetzliche Mißbilligung, die in der Streichung aus der Wahlliſte liegt, hier, ſowie in dem Fall 2 b (Außerachtlaſſung der Fürſorge für Eltern und Geſchwiſter), ebenſo am Platze iſt, wie in denjenigen, wo eigentliche Armenpflege geübt wird.

Zu II. 3. In den meiſten derjenigen Fälle, für welche vorgeſchlagen wird, die Streichung vom Nachweis eines Verſchuldens der Wahlberechtigten abhängig zu machen, wird dieſer Nachweis durch richterliches Urteil leicht zu führen ſein; ſo z. B. in den Fällen zu II. 2a durch das Urteil, welches die Zwangserziehung des Kindes ausſpricht, oder den Vater wegen Müßiggang und ähnlicher Vergehen verurteilt; ebenſo bei II. 2 b durch den reſolutoriſchen oder gerichtlichen Beſcheid gegen den Unterſtützungspflichtigen. Im übrigen wird auch ein bloßes Gutachten der Armenbehörde eine genügende Unterlage für die Entſcheidung der beſchließenden Stelle geben können. In der Notwendigkeit der Stellung eines beſonderen Antrags, ſowie anderſeits der Anhörung des zu ſtreichenden Wahlberechtigten ſind die Garantien gegen mißbräuchliche Anwendung der Strafen in genügender Weiſe gegeben.

Zu III. Die Faſſung des Reichstagswahlgeſetzes ſcheint mir ſchon jetzt einer Anwendung der bei II. 1 niedergelegten Grundſätze nicht unbedingt entgegen zu ſtehen. Es läßt ſich behaupten, daß die Worte des § 3, Nr. 3: „Perſonen, welche eine Armenunterſtützung aus öffentlichen oder Gemeindemitteln beziehen, oder bezogen haben", nicht unbedingt gleichbedeutend ſind etwa mit: „Perſonen, denen die einem ihrer Angehörigen widerfahrende Unterſtützung auf Grund des Unterſtützungswohnſitzgeſetzes angerechnet werden muß"[1]. Jedenfalls würde die Frage durch eine in irgend welcher Form erfolgende Erörterung in den Parlamenten weſentlich gefördert werden.

Bei der Abneigung des Vereins gegen Reſolutionen, die ſich auf einzelne Fragen und geſetzliche Formulierungen erſtrecken, genügt es übrigens vielleicht, wenn lediglich beſchloſſen wird:

1. **Der Verein für Armenpflege ſtellt als Reſultat der von ſeiner Kommiſſion angeſtellten Umfrage bei 137 Be-**

---

[1] Vergl. die Ausführungen Enneccerus' a. a. O.

hörden, Städten und Ortschaften fest, daß die Frage, in welchen Fällen jemand wegen empfangener Armenunterstützung des Wahlrechts verlustig erklärt werden könne, derzeit der notwendigen einheitlichen Regelung entbehrt.

2. Der Verein für Armenpflege erachtet eine gesetzliche Regelung der Frage für das Reich oder mindestens für die größeren Einzelstaaten für wünschenswert und glaubt, daß diese Regelung ebenso diejenigen Fälle zu beachten haben wird, in welchen den Wahlberechtigten auf Grund des Unterstützungswohnsitzgesetzes eine Leistung als Armenunterstützung angerechnet werden muß, welche thatsächlich einer wirtschaftlich aus seiner Familie bereits ausgeschiedenen Person gegeben wird, als auch die anderen, in welchen zwar keine Armenunterstützung im technischen Sinne, wohl aber ein schuldhaftes Überlassen von Angehörigen an die öffentliche Fürsorge stattfindet.

(Hierzu vergl. Anlage 1, S. 54.)

Anlage 1.

I. Der Deutsche Verein für Armenpflege erachtet den Begriff der öffentlichen Armenunterstützung, wie er sich aus der Armengesetzgebung des Reichs und der Einzelstaaten ergiebt, für ungenügend zur Entscheidung der Frage:
„inwieweit Empfang von Armenunterstützung zur Streichung des Familienhauptes in Wahllisten führen soll".

Da auch keines der bestehenden reichsgesetzlichen oder landesgesetzlichen Wahlgesetze hierüber Entscheidung trifft, so ist die Befugnis zur Ausübung des Wahlrechts und indirekt die zur Begleitung öffentlicher, durch Wahl verliehener Ämter lediglich vom Ermessen der mit Aufstellung der Wahllisten betrauten obrigkeitlichen Behörden abhängig.

II. Die hiernach zur Durchführung des Artikels 3, Abs. 2 der Reichsverfassung erforderliche gesetzliche Regelung hat sich zu erstrecken:

1. Auf Prüfung der Fälle, in denen zwar Armenunterstützung im Sinne der (reichs- oder landesgesetzlichen) Armengesetzgebung vorliegt, die Streichung in den Wahllisten aber keine Berechtigung hätte.

Solche Fälle sind:

a) Unterstützung durch Hospitalpflege oder durch Aufnahme in eine Irren-, Taubstummen-, Idioten- oder ähnliche Anstalt, falls die Notwendigkeit nicht durch schuldhaftes Verhalten des Wahlberechtigten, insbesondere durch schuldhaftes Unterlassen der gesetzlichen Versicherungen, oder durch schuldhafte Unterlassung der Fürsorge für einen Angehörigen herbeigeführt ward.

b) Unterstützungen, welche dem Wahlberechtigten infolge einer dauernden durch Krankheit oder Gebrechen bewirkten Hilfsbedürftigkeit eines Angehörigen verabreicht werden müssen, oder welche alimentationsberechtigten Familienangehörigen gewährt werden, nachdem sich diese bereits wirtschaftlich selbständig gemacht haben.

c) Unterstützungen, welche nicht alimentationsberechtigten Familienangehörigen gewährt, aber auf Grund des Unterstützungswohnsitzgesetzes dem Wahlberechtigten angerechnet werden müssen, insofern er zur Leistung der Fürsorge ohne eigenen Bedruck nicht in der Lage wäre.

d) Unterstützungen, die vor Auflegung der Wahllisten zurückgezahlt sind.

e) Die Unterstützung, die lediglich in Form freier ärztlicher Behandlung und freier Verabreichung von Arznei und Heilmitteln gewährt wird.

2. Auf Prüfung der Fälle, in denen zwar keine Armenunterstützung im technischen Sinne, wohl aber ein schuldhaftes Verhalten des Wahlberechtigten vorliegt, das thatsächlich und ökonomisch dem Bezug von Unterstützung aus öffentlichen Mitteln gleich zu achten ist.

Hierher gehören:

f) Fälle, in denen ein Kind des Wahlberechtigten der Zwangserziehung oder der Verbringung in eine Besserungsanstalt unterworfen werden muß, ferner diejenigen, in denen alimentationsberechtigte Angehörige seitens der stiftungsmäßigen oder kirchlichen Armenpflege dauernd unterstützt werden, wenn durch Spruch einer richterlichen Behörde festgestellt wird, daß die Notwendigkeit der Unterstützung von dem Wahlberechtigten verschuldet ist.

g) Diejenigen, in denen Eltern oder Geschwister des Wahlberechtigten der öffentlichen Armenpflege anheimfallen, obwohl der Wahlberechtigte denselben die zur Abwendung der öffentlichen Armenpflege erforderliche Unterstützung ohne eigenen Bedruck leisten könnte.

3. Die Streichung in den Wahllisten erfolgt stets durch Beschluß der mit deren Aufstellung betrauten Behörde auf Grund eines Antrages, zu dessen Stellung außer der Armenverwaltung auch die unterstützende Stelle berechtigt ist, und nach Anhörung des Wahlberechtigten.

III. Es wäre wünschenswert, daß bis zur gesetzlichen Regelung (durch Specialgesetz oder speciell für die Reichstagswahlen durch Deklaration des § 3 des Reichstagswahlgesetzes vom 31. Mai 1869) die Wahlprüfungskommission des Reichstags und der Landtage der Frage ihre Aufmerksamkeit zuwenden. Jedoch erscheint bei den II. 1a—c erwähnten Fällen die Streichung des Wahlberechtigten in den Reichstagswahllisten auch schon bei dem jetzigen Wortlaut des Wahlgesetzes vom 31. Mai 1869 nicht geboten.

Anlage 2 (zum Vorbericht).

Bericht
von

Dr. G. Berthold-Berlin.

Zunächst hat die Kommission einen Fragebogen festgestellt, der an die Magistrate der größeren deutschen Städte und an je eine kleine Stadt- und Landgemeinde in den einzelnen Staaten und Provinzen versendet wurde; die Fragen behandelten getrennt die auf Grund von Reichs- bezw. von Landesgesetzen stattfindenden Wahlen. Für jede dieser beiden Kategorien wurde um Auskunft darüber gebeten, ob als Armenunterstützung, durch welche das Familienhaupt seines Wahlrechts verlustig gehe, angesehen würde:

A. Gewährung von Schulgeld, Schulbüchern u. dergl.
B. Gewährung freier ärztlicher Behandlung, Arzneien, Heilmittel u. s. w.
C. **Vorübergehende** Armenunterstützung eines Familiengliedes ohne eigenen Unterstützungswohnsitz, wenn dasselbe:
    1. minderjährig ist;
    2. außerhalb des Familienhaushaltes thatsächlich steht.
D. **Dauernde** Armenunterstützung eines **Familiengliedes** ohne eigenen Unterstützungswohnsitz (Heimatsrecht):
    a) wenn dasselbe infolge von Krankheit oder Gebrechen voraussichtlich dauernd unterstützungsbedürftig ist?
    b) wenn das Familienhaupt einen Teil der Kosten, welche seitens der Anstalt berechnet werden, zahlt?
E. Armenunterstützung des Familienhauptes:
    a) wenn sie nur vorübergehend erfolgt und zwar
        1. in offener Armenpflege (Barunterstützung, Naturalien u. s. w.)
        2. in geschlossener Armenpflege? (Unterkunft in einem Kranken-, Armen-, Siechenhaus u. s. w.)
    b) wenn eine regreßpflichtige Person (Behörde, Korporation u. s. w.) vorhanden ist, aber

Handhabung der Bestimmungen betr. den Verlust des Wahlrechts u. s. w. 57

1. Zahlung der Unterstützung von derselben bisher nicht geleistet ist;
2. dieselbe nur zur Leistung eines Teils der Unterstützungskosten verpflichtet ist.

F. Wird in den Fällen C bis E etwa ein Unterschied zwischen verschuldeter und unverschuldeter Bedürftigkeit gemacht?[1]

Schließlich wurde Auskunft darüber erbeten, ob die Praxis im Laufe der Jahre geschwankt, bezw. seit wann eine feste Praxis hinsichtlich der Streichung bezw. Belassung des Wahlrechtes bestände.

Mit der Bearbeitung und Verwertung des eingegangenen Materials nach der statistischen Seite wurde der Unterzeichnete betraut und werden die Ergebnisse nachfolgend mitgeteilt.

Antworten gingen von 196 Stadt- und Landgemeinden ein, darunter 115 aus dem Königreich Preußen, 81 aus den anderen deutschen Bundesstaaten; 109 betrafen Stadt-, 87 Landgemeinden. Für Preußen gingen von folgenden Städten mit über 100 000 Einwohnern Nachrichten ein: Berlin, Barmen, Bielefeld, Breslau, Charlottenburg, Köln, Crefeld, Danzig, Düsseldorf, Elberfeld, Hannover, Magdeburg; ferner von Städten mit über 50 000 Einwohnern: Frankfurt a. O., Kiel, Posen und Potsdam. Von den 53 Antworten der preußischen Landgemeinden betrafen 2 die Provinz Schleswig-Holstein, je 3: Gemeinden der Provinzen Brandenburg, Westfalen, Ost- und Westpreußen, Posen, Sachsen, Hessen-Nassau, 5: Gemeinden der Provinz Schlesien, je 6: Gemeinden der Provinzen Hannover und Pommern, 12 die Rheinprovinz, seine Gemeinde der Hohenzollernschen Lande. Weitere Nachrichten lagen vor für das Königreich Bayern und zwar nur von der Stadt München, während die bayerischen Regierungspräsidenten mit dem Bemerken ablehnten, daß als Armenunterstützung, welche geeignet sei, das Wahlrecht auszuschließen, lediglich Unterstützungen im Sinne des Art. 10 des bayerischen Gesetzes über die öffentliche Armen- und Krankenpflege vom 29. April 1869[2] zu verstehen seien und daß hierzu die bloße Gewährung von Schuldgeld und Lehrmittelfreiheit nicht gehöre."

---

[1] Der Kürze halber sind in der Folge die Fragen vielfach nur mit den Buchstaben A, B, C 1, 2; D a, b ꝛc. bezeichnet.

[2] Art. 10 lautet: I. Die Unterstützungspflicht der Gemeinde erstreckt sich zunächst auf die in ihr heimatberechtigten hilfsbedürftigen Personen, soweit nicht diese Pflicht gesetzlich der Staats- oder einer anderen Kasse auferlegt ist.

II. Unter der Voraussetzung der Art. 3 und 4 des gegenwärtigen Gesetzes ist es Aufgabe der Armenpflege, 1. den ganz oder teilweise arbeitsunfähigen Personen die zur Erhaltung des Lebens unentbehrliche Nahrung, Kleidung, Wohnung, Heizung und Pflege zu gewähren; 2. Kranken die erforderliche ärztliche Hilfe nebst Pflege und Heilmitteln zu verschaffen und insbesondere Geisteskranke, welche der notwendigen Aufsicht und Pflege entbehren, in einer Irrenanstalt unterzubringen; 3. für die einfache Beerdigung verstorbener mittelloser Personen zu sorgen, wobei jedoch eine Verpflichtung zur Bezahlung von Stolgebühren nicht besteht; 4. armen Kindern die erforderliche Erziehung und Ausbildung zu verschaffen.

III. Arbeitsfähige Personen haben keinen Anspruch auf öffentliche Armenunterstützung, die Armenpflege hat jedoch auch solchen Personen in Fällen dringender Not die im Interesse der öffentlichen Sicherheit oder Sittlichkeit augenblicklich unentbehrliche Hilfe zu gewähren.

Weitere Antworten lagen vor für das Königreich Sachsen (5 Stadt-, 5 Landgemeinden); für Württemberg (4 Stadt-, 6 Landgemeinden); die Reichslande (3 Stadt-, 2 Landgemeinden); für das Großherzogtum Baden (4 Stadt-, 1 Landgemeinde); Hessen (4 Stadt-, 1 Landgemeinde); Mecklenburg-Schwerin (3 Stadt-, 2 Landgemeinden); Oldenburg (2 Stadt-, 2 Landgemeinden); Mecklenburg-Strelitz (1 Stadtgemeinde); Braunschweig (2 Stadt-, 1 Landgemeinde); Sachsen-Altenburg (1 Stadt-, 2 Landgemeinden); Sachsen-Koburg (1 Landgemeinde); Sachsen-Weimar (3 Stadt- 1 Landgemeinde); Schwarzburg-Rudolstadt (1 Stadt-, 1 Landgemeinde); ferner für Lippe-Detmold, Lippe-Schaumburg, Reuß (Gera) von je 1 Stadtgemeinde; Reuß-Greiz (2 Landgemeinden); Bremen (1 Stadt-, 2 Landgemeinden); Hamburg (1 Stadtgemeinde); Lübeck (1 Stadtgemeinde).

Das eingegangene Material erwies sich als von sehr ungleichartigem Wert; einem Teil der Antworten lag offenbar eine falsche Auffassung der gestellten Fragen zu Grunde, worauf wir an den betreffenden Stellen noch später zurückkommen.

Was zunächst den Verlust des Wahlrechts bei den Reichstagswahlen betrifft, so findet die Entziehung des Wahlrechts im Deutschen Reich auf Grund der in allen Bundesstaaten, einschließlich der Reichslande, einheitlich geltenden Bestimmungen des Wahlgesetzes vom 31. Mai 1869, speciell des § 3, 3 statt, wonach „Personen, welche eine Armenunterstützung aus öffentlichen oder Gemeindemitteln beziehen oder im letzten, der Wahl vorhergegangenen Jahre bezogen haben, von der Berechtigung zum Wählen ausgeschlossen sind." Allerdings schwanken die Ansichten über den Begriff der Armenunterstützung, der nirgends scharf präcisiert ist; vielfach und unserer Ansicht nach mit Recht, gelten als Armenunterstützungen die Leistungen auf Grund des § 1 des Preußischen Gesetzes betr. die Ausführung des Bundesgesetzes über den Unterstützungswohnsitz vom 7. März 1871; § 1 bestimmt:

„Jedem hilfsbedürftigen Deutschen ist von dem zu seiner Unterstützung verpflichteten Ortsarmenverband Obdach, der unentbehrliche Lebensunterhalt, die erforderliche Pflege in Krankheitsfällen und im Fall seines Ablebens ein angemessenes Begräbnis zu gewähren."

Trotz der gleichmäßig geltenden Bestimmung des Wahlgesetzes von 1869, § 3, 3 findet im Reich, wie die eingegangenen Antworten beweisen, keineswegs ein gleichmäßiges Verfahren bei der Entziehung des Wahlrechts statt; aber nicht nur in den verschiedenen Bundesstaaten, auch in den einzelnen preußischen Provinzen wird abweichend verfahren. Wenn auch darüber z. B. kein Zweifel besteht, daß dauernde Unterstützung des Familienhauptes selbst mit Geld (Almosen) den Verlust des Wahlrechts nach sich zieht, so gehen die Ansichten weit auseinander bei vorübergehender Unterstützung des Familienhauptes in offener Pflege (Frage E, a, 1) mit Geld oder Naturalien; in Preußen findet allerdings, sowohl in Stadt- wie Landgemeinden, in der überwiegenden Mehrzahl — bei 92 Prozent — Entziehung des Wahlrechts statt und die abweichenden Antworten, die z. B. von den Städten Beuthen, Müncheberg, Sigmaringen vorliegen, beruhen wohl auf einer irrtümlichen Auffassung der Frage E, a, 1.

Bei Frage E, a, 2, welche die Armenunterstützung des Familienhauptes in geschlossener Pflege betrifft, verfährt die überwiegende Mehrzahl der antwortenden Gemeinden, fast 90 Prozent, so, daß in diesem Fall das Wahlrecht verloren geht, jedoch wird von einigen Gemeinden, z. B. von der Stadt Danzig, dem Familienhaupt nur dann das Wahlrecht entzogen, wenn es zur Zeit der Aufstellung der Wählerliste in einem Kranken-, Armen- oder Siechenhaus untergebracht ist.

Am radikalsten geht die Stadt Bremen vor, wo jeder, der Armenunterstützung empfängt, einerlei welche, aus den Reichstagswahllisten gestrichen wird, ist er minderjährig, das Familienhaupt; Gewährung von Schulgeld und Schulbüchern gilt nicht als Armenunterstützung; in der Landgemeinde Hastebt bei Bremen wird sogar auch in diesen Fällen das Wahlrecht zum Reichstag entzogen.

Der Magistrat in Posen hat bezüglich der Reichstagswahlen unter dem 1. Juli 1885 beschlossen, alle diejenigen nicht in die Wahllisten aufzunehmen, welche in dem der Aufstellung der Listen vorangehenden Jahr Unterstützung aus öffentlichen Mitteln, gleichviel ob in Bar, Arzenei, Bekleidung, erhalten haben. Gleichgültig sei, ob die Unterstützung inzwischen zurückerstattet wurde. — Indem wir uns nunmehr zu den gestellten Fragen im einzelnen wenden, bemerken wir, daß für Frage A (Gewährung von Schulgeld, Schulbüchern) die Antworten nahezu übereinstimmend lauten; von 110 preußischen Gemeinden entziehen nur 3 in diesem Fall das Wahlrecht (die Städte Esens, Lünen und Landgemeinde Lütgen-Dortmund). Ob letztere hierzu berechtigt sind, erscheint fraglich, da der Reichstag sich schon wiederholt dahin ausgesprochen hat, daß Schulgeldbefreiung nicht als Armenunterstützung zu gelten habe. (Vgl. Rönne, Preußisches Staatsrecht I, § 59 S. 240, 25.) Von den anderen deutschen Bundesstaaten wird, soweit Städte in Frage kommen, bei Gewährung von Schulgeld ꝛc., das Wahlrecht überhaupt nicht entzogen; von 39 Landgemeinden lassen allerdings 3 in diesem Fall Verlust des Wahlrechts eintreten.

Im Fall B (Gewährung freier ärztlicher Behandlung, Arzeneien, Heilmittel) findet in Preußen der Regel nach kein Verlust des Wahlrechts statt (bei 66,7); 33,3 Prozent der antwortenden Gemeinden entziehen es. Zu letzteren gehören u. a. die Städte Berlin, Barmen, Bielefeld, Breslau, Bromberg, Elberfeld, Hannover, Magdeburg, Posen, Spandau, Trier; zu ersteren: Beuthen[1], Cassel, Charlottenburg, Coblenz, Cöln, Crefeld, Danzig, Düsseldorf, Erfurt, Glogau, Görlitz, Potsdam u. a. Einige rheinische Stadtgemeinden z. B. Crefeld berücksichtigen freie ärztliche Behandlung, Arzenei und Heilmittel nicht, entziehen aber das Wahlrecht bei Lieferung von Bandagen, Brillen, Totensärgen; andere machen das Wahlrecht davon abhängig, ob die ärztliche Behandlung in geringerem Umfang stattfand oder ob sie von längerer Dauer war.

In den übrigen Bundesstaaten wird von der Mehrzahl der Land-

---

[1] Von der Stadt Beuthen sind sämtliche Fragen (A—F) mit „nein" beantwortet, d. h. das Wahlrecht wurde in keinem Fall entzogen; es scheint hier eine mißverständliche Auffassung der Fragen vorzuliegen.

gemeinden — soweit Antworten vorlagen — das Wahlrecht (im Fall B) entzogen, während die Stadtgemeinden die überwiegend in Preußen übliche Praxis befolgen, das Wahlrecht zu belassen.

Im Königreich Sachsen sind nur 2 Stadtgemeinden (Leipzig und Zwenkau) für unbedingte Belassung des Wahlrechts im Fall B; 2 entziehen es. Die Stadt Plauen beläßt es bei Gewährung ärztlicher Behandlung, entzieht es aber bei Lieferung von Arzenei oder Heilmitteln.

Im Großherzogtum Baden sind 4 von 5 Stadtgemeinden für Entziehung des Wahlrechts, während von 11 Landgemeinden nur 1 im Fall B Verlust des Wahlrechtes eintreten läßt; im Großherzogtum Hessen lassen von 5 Stadtgemeinden 4 in diesem Fall Verlust des Wahlrechtes eintreten, ebenso die eine antwortende Landgemeinde. In Sachsen-Weimar, ebenso in Anhalt, Braunschweig und Sachsen-Meiningen führt Unterstützung in Fall B nicht zum Verlust des Wahlrechts.

Die vorübergehende Armenunterstützung eines Familiengliedes ohne eigenen Unterstützungwohnsitz, wenn dasselbe minderjährig ist (Fall C, a) gilt für 63 von 110 preußischen Stadt- und Landgemeinden als Grund zur Entziehung des Wahlrechtes; von 84 anderen deutschen Gemeinden stehen 50 auf demselben Standpunkte. Im ganzen also lassen von 194 Gemeinden 113 Verlust des Wahlrecht in Fall C, a eintreten.

Umgekehrt wird im Fall C, b, d. h. bei vorübergehender Unterstützung eines Familiengliedes ohne eigenen Unterstützungswohnsitz, wenn dasselbe außerhalb des Familienhaushaltes thatsächlich steht, in der Mehrzahl der Fälle dem Familienhaupt das Wahlrecht belassen; immerhin entziehen 25 preußische Gemeinden das Wahlrecht, während es 73 dem Familienhaupt belassen. Von den anderen 83 deutschen Stadt- und Landgemeinden entziehen 32 im Fall C, b das Wahlrecht.

Tritt dauernde Armenunterstützung eines Familienmitgliedes ohne eigenen Unterstützungswohnsitz ein und ist dasselbe voraussichtlich infolge von Krankheit, Gebrechen 2c. dauernd hilfsbedürftig (Fall D, a), so entziehen von 192 Gemeinden 139 dem Familienhaupt das Wahlrecht, nur 53 belassen es ihm.

Unterscheidet man Stadt- und Landgemeinden, so entzieht ein größerer Teil der letzteren in diesem Fall das Wahlrecht.

Erheblich größere Übereinstimmung zeigt sich, sobald es sich um die Unterstützung des Familienhauptes selbst handelt; so führt vorübergehende Armenunterstützung desselben in offener Pflege (Frage E, a, 1) durch Barmittel, Naturalien u. s. w. in 106 preußischen Stadt- und Landgemeinden zum Verlust des Wahlrechts, nur 4 Stadt-, 5 Landgemeinden verfahren anders; von den anderen 84 deutschen Gemeinden sind 71 ebenfalls für Entziehung des Wahlrechtes. Annähernd gleiche Praxis zeigt sich im Fall E, a, 2, wenn das Familienhaupt in geschlossener Pflege (durch Unterbringung in einem Kranken-, Armen- oder Siechenhaus) vorübergehend unterstützt wird. Von 49 preußischen Stadtgemeinden entziehen in diesem Fall 46 dem Familienhaupt das Wahlrecht, von 52 Landgemeinden 46; von den anderen deutschen Stadtgemeinden entziehen 33, von 42 Landgemeinden 37 das Wahlrecht.

Im Fall E, b, 1, d. h. wenn für die dem Familienhaupte gewährte Unterstützung eine regreßpflichtige Person oder Behörde da ist, aber Zahlung durch diese bisher nicht geleistet ist, wird von der überwiegenden Mehrzahl der Gemeinden das Wahlrecht entzogen. In Preußen verfahren von 100 Gemeinden 62 so, in den anderen Bundesstaaten von 81 Gemeinden 56.

Ähnlich liegen die Verhältnisse in Fall E, b, 2, wenn die regreßpflichtige Person oder Behörde nur zur Leistung eines Teils der Unterstützungskosten verpflichtet ist.

Nahezu einstimmig lauten die Urteile im Fall F dahin, daß, soweit die polizeiliche Armenpflege in Betracht kommt, kein Unterschied zwischen verschuldeter und unverschuldeter Bedürftigkeit gemacht wird.

Für die sonstigen auf Grund von Reichsgesetzen stattfindenden Wahlen zu Schöffen und Geschworenen kommen in Betracht § 33, 3 des Gerichtsverfassungsgesetzes vom 27. Januar 1877, welcher lautet: „Von der Berechtigung zum Wählen sind ausgeschlossen ꝛc.: Personen, welche für sich oder ihre Familie Armenunterstützung aus öffentlichen Mitteln empfangen oder in den drei letzten Jahren, von Aufstellung der Urliste zurückgerechnet, empfangen haben."

Die Entziehung des Wahlrechts tritt nach Angabe der vorliegenden Antworten hier in denselben Fällen und in derselben verschiedenen Art ein wie dies bei den Wahlen zum Reichstage dargethan ist.

Als Endresultat für die Wahlen zum Reichstage und für die sonstigen auf Reichsgesetzen beruhenden Wahlen ergiebt sich, daß in der großen Mehrzahl der Fälle A, Gewährung von Schulgeld und Schulbüchern nicht angerechnet wird; daß Gewährung freier ärztlicher Behandlung, Arzeneien, Heilmittel (Frage B) die Mehrzahl der antwortenden Gemeinden (66,4 %) ebenfalls unberücksichtigt läßt, während noch 43,6 % zur Entziehung des Wahlrechts schreiten; vorübergehende Unterstützung eines minderjährigen Familienmitgliedes ohne eigenen Unterstützungswohnsitz (C, a) bewirkt bei 58,3 % der antwortenden Gemeinden Verlust des Wahlrechtes für das Familienhaupt; sobald das Familienglied außerhalb des Familienhaushaltes thatsächlich steht, entziehen nur noch 33,2 % das Wahlrecht, 64,8 % belassen es.

Größere Gleichmäßigkeit herrscht im Fall D, a, d. h. bei dauernder Armenunterstützung eines Familienmitgliedes ohne eigenen Unterstützungswohnsitz, wenn dasselbe infolge von Krankheit voraussichtlich dauernd hilfsbedürftig ist, wo 72,4 % der Gemeinden das Wahlrecht entziehen.

Größere Verschiedenheit zeigt sich im Fall D, b, wenn ein Teil der Kosten, welche seitens der Anstalt, in der sich ein dauernd hilfsbedürftiges Familienmitglied befindet, aufgewendet werden, vom Familienhaupt bezahlt wird, indem dann 60,4 % das Wahlrecht entziehen; 39,6 % es belassen.

Die dauernde Armenunterstützung des Familienhauptes selbst in dem Falle E, a 1 und 2 veranlaßt 90 bezw. 89 % der in Betracht kommenden Gemeinden, Verlust des Wahlrechtes eintreten zu lassen; ist aber eine regreßpflichtige Person vorhanden, von der Zahlung entweder noch nicht geleistet, oder die nur zur Erstattung eines Teils der Unterstützung verpflichtet ist, lassen 65 bezw. 70,4 % Verlust des Wahlrechts für das Familienhaupt eintreten. Die Frage F: ob in den vorerwähnten Fällen zwischen verschuldeter und unverschuldeter Bedürftigkeit unterschieden wird, beantworten für die Reichstags- wie für die Landtagswahlen 98 % mit „nein".

Wir wenden uns nun zu den auf Landesgesetzen beruhenden Wahlen und zu der Rückwirkung von Armenunterstützung auf dieselben; hier besteht eine noch verschiedenartigere Praxis, weil hier nicht einheitliches Recht gilt, sondern die in jedem Bundesstaat geltenden Specialgesetze maßgebend sind.

Für Preußen sind die Wahlen zum Landtag, sowie die für die städtischen Körperschaften (Stadtverordnete) besonders zu berücksichtigen. Erstere finden in Preußen, dem Herzogtum Lauenburg, den Hohenzollernschen Landen auf Grund der Verordnung vom 30. Mai 1869 und des Gesetzes betreff. die fernere Geltung der Verordnung vom 30. Mai 1849 2c. zum Hause der Abgeordneten vom 11. März 1849 statt; nach § 8 des Gesetzes vom 30. Mai 1849 ist jeder selbständige Preuße, welcher das 24. Lebensjahr vollendet und nicht den Vollbesitz der bürgerlichen Rechte infolge rechtskräftigen richterlichen Erkenntnisses verloren hat, in der Gemeinde, worin er seit 6 Monaten seinen Wohnsitz oder Aufenthalt hat, stimmberechtigter Urwähler, sofern er nicht aus öffentlichen Mitteln Armenunterstützung erhält.

Der Ausschluß des Wahlrechts wird hier also an den Empfang von Armenunterstützung geknüpft und könnte die Streichung in den Wahllisten nach wesentlich gleichen Grundsätzen erfolgen, aber selbst in den alt-preußischen Provinzen wird ganz abweichend verfahren, wie dies die folgenden Angaben bestätigen.

In der Provinz Brandenburg, für welche von den Stadtgemeinden Berlin, Spandau, Charlottenburg, Potsdam, Müncheberg, Frankfurt, Freienwalde Antworten eingingen, entzieht Berlin in den Fällen C, a, 1; D, a, b; E, a 1, 2; E, b 2 dem Familienhaupt das Landtagswahlrecht; für Potsdam sind Unterstützungen, wie sie für A bis D in Frage kommen, irrelevant, wohl aber bedingen Unterstützungen, wie sie bei E, a 1 und E, b 1 und 2 angegeben sind, den Verlust des Wahlrechtes; noch rigoroser verfährt Müncheberg, welches auch im Fall B (freie ärztliche Behandlung, Arznei 2c.) und C, a das Wahlrecht dem Familienhaupt entzieht.

Von den drei brandenburgischen Landgemeinden Heegermühle[1], Letschin, Neu-Lewin, verfahren letztere beiden in den Fällen E, a, 1, 2; E, b 1, 2 gleich, d. h. Verlust des Wahlrechts tritt ein, während Heegermühle in allen Unterstützungsfällen, ausgenommen bei Schulgeld, das Wahlrecht entzieht.

Bei den sonstigen, auf Grund von Landesgesetzen 2c. in Preußen stattfindenden Wahlen, kommt für die sechs östlichen Provinzen zunächst die Städteordnung vom 30. Mai 1853 in Betracht, deren § 5 lautet (vgl. auch §§ 13, 19, 20):

„Das Bürgerrecht besteht in dem Recht zur Teilnahme an den Wahlen 2c. . . . Jeder selbständige Preuße erwirbt dasselbe, wenn er

---

[1] Der Gemeindevorsteher bemerkt, daß es vielleicht besser wäre, wenn wir alle auf das Wahlrecht verzichteten, denn die Wahlen bringen nur Aufregung und gegenseitige Erbitterung in das Volk.

Handhabung der Bestimmungen betr. den Verlust des Wahlrechts u. s. w. 63

seit einem Jahr 1. . . . .; 2. keine Armenunterstützung aus öffentlichen Mitteln empfangen hat."

Einen besonderen Streitpunkt bezüglich des Gemeindewahlrechts bildete seit Jahren in Berlin die Frage: ob vorübergehende Unterstützung des Familienhauptes (E, a 2), bezw. eines nicht selbständigen Familienmitgliedes in geschlossener (Anstalts-) Pflege Verlust des Wahlrechts bedinge, sofern Kostenerstattung stattfände, bezw. die zur Erstattung Verpflichteten auch in Raten die Schuld tilgten.

Im Jahre 1890 kam der Berliner Magistrat der Ansicht der Stadtverordneten soweit entgegen, daß er eine Streichung in den Wählerlisten nicht eintreten ließ, wenn Ratenzahlungen in der Höhe pünktlich erfolgten, daß die Schuld binnen Jahresfrist getilgt war. Im Jahre 1893 wurde dieser Standpunkt jedoch als unhaltbar erkannt; um aber solche Fälle zu berücksichtigen, in denen an sich vermögende Personen infolge Unfalls oder dergl. ohne Zahlung eines Kostenvorschusses städtische Krankenhauspflege in Anspruch nahmen, sollte die Streichung in den Wahllisten, die bei der Aufnahme stets erfolgte, wieder aufgehoben werden, sofern Zahlung der Kurkosten binnen vier Wochen nach der Aufforderung geleistet wurde.

Die Berliner Stadtverordnetenversammlung, welche der gegenteiligen Ansicht war, billigte auf Beschwerde solchen Personen das Wahlrecht zu, die vom Magistrat in den Wählerlisten gestrichen waren, weil sie selbst bezw. ihre Angehörigen (Ehefrauen, Kinder, Stiefkinder) innerhalb des letzten Jahres vor Aufstellung der Wählerlisten auf öffentliche Kosten krankheitshalber in städtischen Krankenanstalten verpflegt waren, die entstandenen Kosten aber — wenn auch Abschlagszahlungen seitens der städtischen Armendirektion genehmigt und angenommen waren — nicht innerhalb vier Wochen bezahlt hatten.

Um hier feste Normen zu gewinnen, erhob der Magistrat beim Bezirksausschuß Klage, welch' letzterer in seiner Sitzung vom 17. Dezember 1895 dahin erkannte, daß der Magistrat solche Personen mit Recht aus den Wahllisten gestrichen habe.

Aus den Gründen des Erkenntnisses führen wir folgendes an: Armenunterstützung ist die öffentliche Unterstützung eines Hilfsbedürftigen nach Vorschrift des Gesetzes durch die dazu bestimmten Organe (§ 2); als Armenunterstützungsempfänger ist derjenige anzusehen, dem selbst oder dessen Familienangehörigen eine solche Unterstützung gewährt wird (Wohlers, Reichsgesetz über den Unt.-Wohns., Anm. 25, 26 zu § 14). Daß die Aufnahme in ein Krankenhaus eine solche Unterstützung darstellen kann, ist in § 1 des Ausführungsgesetzes ausdrücklich ausgesprochen; daß die Aufnahme und Verpflegung auf Kosten der städtischen Armendirektion, also des nach dem Gesetz zuständigen Organs erfolgte, ist gleichfalls nicht bestritten. Ob eine Armenunterstützung im Sinne des Gesetzes vorliegt, entscheidet sich daher lediglich darnach, ob eine Hilfsbedürftigkeit der Empfänger da war oder nicht. Nun kann aber der Beklagten (Stadtverordnetenversammlung) nicht zugegeben werden, daß die in Frage stehenden Fälle schon ihrer Natur nach den Charakter der Krankenhausverpflegung als Armenunterstützung ausschließen. Vorweg ist der Hinweis darauf unbeachtlich, daß die Aufnahme in ein

Krankenhaus lediglich wegen der Krankheit aus sanitätspolizeilichem oder allgemein menschlichem Interesse erfolge.

Gewiß kann aus solchen Gründen eine Aufnahme erfolgen, das schließt aber nicht aus, daß sie beim Vorhandensein der Voraussetzungen, auch im Wege der Armenpflege angeordnet werden kann.

Und dafür, daß dies vorliegend der Fall, spricht schon das Eintreten der Armendirektion, für welches andernfalls ein Grund nicht ersichtlich sein würde.

Immerhin enthebt die Thatsache dieses Eintretens den Gerichtshof nicht der Prüfung, ob thatsächlich eine Hilfsbedürftigkeit vorlag.

Die Beklagte leugnet eine solche und schließt das Gegenteil aus dem Umstande, daß die Unterstützten ihre Schuld in Raten tilgen. Sie folgert ferner daraus, daß die Stadtgemeinde eine dahin gehende Verpflichtung der Unterstützten entgegengenommen habe, daß diese selbst ihren Anspruch als einen rein civilrechtlichen angesehen habe; dieser sei durch den Vergleich getilgt.

Der Gerichtshof ist in der Lage gewesen, seiner Entscheidung über vorstehende Einwände die Judikatur des Bundesamtes für Heimatwesen, als des obersten zur Entscheidung in Armensachen eingeführten Gerichtes, zu Grunde zu legen; dieses hat sich in zahlreichen Entscheidungen mit Fällen ähnlicher Art befaßt und dabei Grundsätze aufgestellt, denen der Bezirksausschuß sich durchweg hat anschließen können (vergl. Entsch. Bd. VI, S. 28 30; Bd. VII, S. 19, Bd. XX, S. 22, Bd. XXII, S. 72).

Darnach ist zunächst die Thatsache der späteren Tilgung der Kurkosten **unerheblich**, denn es ist ein bereits vom vormaligen preußischen Obertribunal aufgestellter, später durchweg festgehaltener Grundsatz, daß auch die Armenunterstützung nur den Charakter eines Vorschusses hat, welcher von dem Unterstützten selbst, oder dritten verpflichteten Personen zu erstatten ist, sobald die Betreffenden dazu in der Lage sind.

Es ist deshalb die Frage der nachträglichen Tilgung für den Charakter der geleisteten Unterstützung bedeutungslos und insbesondere geht die versuchte Anwendung der privatrechtlichen Grundsätze im Vergleich auf die öffentlich rechtlich ausgeübte Bethätigung der Armenfürsorge fehl.

Entscheidend ist vielmehr nur der Umstand, ob das Organ der Armenpflege als solches von vornherein einzuschreiten beabsichtigte und ob ein solches Einschreiten derzeit durch die Hilfsbedürftigkeit nach pflichtmäßigem Ermessen geboten war.

An diesen Voraussetzungen mangelt es, wenn die Unterstützung entweder von vornherein in Kenntnis der Erstattungsfähigkeit des Unterstützten oder seiner Angehörigen geleistet ist (Entsch. Bd. XVI, S. 15, IX, 8) oder wenn sie erst nachträglich durch Erlaß einer Schuld gewährt wird, welche für eine unter anderen Gesichtspunkten gemachte Leistung entstanden ist (Entsch. IX, 37, XIV, 68, XVI, 76), dagegen schließt auch das Vorhandensein anderweiter, aber nicht sofort verfügbarer Mittel die Hilfsbedürftigkeit nicht aus (Entsch. VIII, 95), selbst wenn sich infolgedessen die Unterstützung nur als ein demnächst zurückerstatteter Vorschuß darstellt und ebensowenig kommt es darauf an, ob der Unterstützte Armenunterstützung begehrt hat, wenn sie nur thatsächlich unter obiger Voraussetzung gewährt ist (Entsch. VI, 29).

Diese Voraussetzungen liegen aber in den hier in Frage stehenden Fällen vor; denn nach der thatsächlichen vom Kläger gegebenen und von der Beklagten nicht bestrittenen Darstellung haben sich die Fälle so abgespielt, daß die Patienten, welche sich zur Aufnahme in das Krankenhaus meldeten, aber erklärten, den verlangten Vorschuß nicht zahlen zu können, auf Grund Attestes des wachthabenden Arztes, daß ihre Zurückweisung mit Lebensgefahr verbunden sei, angenommen wurden.

Demnächst wurde die Verhandlung nebst Attest gemäß eines zwischen den Krankenhäusern und der Armendirektion getroffenen Abkommens letzterer übersandt und daraufhin die Verpflegungskosten von der Armendirektion übernommen.

Daraus ergiebt sich, daß das Organ der Armenpflege als solches von Anfang an behufs Aufnahme und Verpflegung der Patienten in ein Krankenhaus in Thätigkeit getreten ist; daß es sich dazu im Wege eines ein für allemal getroffenen Abkommens der Vermittelung des Krankenhauses bedient hat, ist in der Natur der Sache begründet und ändert an dieser Thätigkeit nichts.

Ebensowenig, daß die Patienten nicht ausdrücklich Armenpflege begehrt haben, denn die öffentliche Fürsorgepflicht ist von einem ausdrücklichen Antrage des Unterstützten nicht abhängig.

Daß aber das Erfordernis der Hilfsbedürftigkeit vorlag, ergiebt sich aus dem Umstande, daß die Verpflegten nicht in der Lage waren, die Kosten für die bei ihrer Krankheit notwendige Pflege zu bestreiten.

Ohne die Mittel hierzu wurden sie aber, wie das Verlangen des Vorschusses ergiebt, ins Krankenhaus nicht aufgenommen, während das ärztliche Attest die Notwendigkeit dieser Aufnahme beweist.

Die Fälle liegen ebenso wie der vom Bundesamt in Entsch. Bd. XXII, S. 92 abgehandelte. Auch dort hat der Gerichtshof ausgesprochen, daß der Umstand, die Verpflegte sei, abgesehen von ihrer Krankheit, in der Lage, ihren Lebensunterhalt zu erwerben, ihre Hilfsbedürftigkeit aber infolge der Krankheit nicht ausschließt; unzulässig aber sei es, aus dem Umstand, daß sie sich zur Tilgung der Schuld in Raten verpflichtet habe, zu folgern, daß sie mit dem Krankenhause oder der Armendirektion einen Vertrag über Gewährung der Krankenpflege auf Kredit geschlossen habe: zu einer solchen Interpretation fehle jede Grundlage und insbesondere stehe ihr der Umstand entgegen, daß jede Sicherheit für die Erfüllung der Verbindlichkeit gefehlt habe.

Geht man von diesen Grundsätzen auch hier aus, so folgt daraus, daß der Standpunkt der Stadtverordnetenversammlung, welche Armenunterstützung erst bei Erlaß oder festgestellter Uneinziehbarkeit der Kosten anerkennen will, der Natur dieser Unterstützung nicht gerecht wird.

Die Erstattung oder Nichterstattung der Kosten übt auf die Natur der Unterstützung überhaupt keinen Einfluß aus. Entweder ist von Anfang an Armenunterstützung vorhanden, wenn deren Voraussetzungen vorliegen, gleichgültig ob Erstattung erfolgt oder nicht, oder die Unterstützung.

hat Mangels der Voraussetzungen nicht den Charakter der Armenunterstützung; dann gewinnt sie ihn auch nicht durch Erlaß oder festgestellte Uneinziehbarkeit der Kosten. Ebensowenig entspricht allerdings auch der Standpunkt des Magistrats, Armenunterstützung dann anzunehmen, wenn die Kosten nicht binnen vier Wochen erstattet werden, diesem Rechtsverhältnis. Indessen hat er auch wohl nur den Zweck, die nicht immer zweifelfreie Frage nach dem Vorliegen der Hilfsbedürftigkeit, klar festzustellen und findet deshalb seine Rechtfertigung in praktischen Erwägungen. Sind somit die in Rede stehenden 19 Personen nicht wahlberechtigt, so rechtfertigt sich in diesem Punkte die Aufhebung des die Wahlberechtigung annehmenden Beschlusses der Stadtverordnetenversammlung und somit die getroffene Entscheidung. — Berlin, 9. Januar 1896."

Allerdings ist diese Entscheidung erst in I. Instanz ergangen, somit noch nicht als endgültig anzusehen, da bereits Berufung eingelegt ist. —

Provinz Pommern:

Von den Städten Polzin und Wolgast entzieht erstere in den Fällen D und E das Landtagswahlrecht, während Wolgast nur die Fälle ad E berücksichtigt. Von sechs pommerschen Landgemeinden rechnen Roggow und Neuenkirchen nur Schulgeld und Schulbücher nicht an. Lubmin und Levenhagen gewähren noch vorübergehende Unterstützung eines minderjährigen, sowie eines außerhalb des Familienhaushaltes thatsächlich stehenden Familienmitgliedes, ohne Verlust des Wahlrechtes eintreten zu lassen. Die Landgemeinde Leopoldshagen entzieht bei Unterstützungen, wie sie ad C und E aufgeführt sind, das Wahlrecht; die Gemeinde Crien auch im Fall B, d. h. bei Gewährung freier ärztlicher Behandlung in offener Pflege. —

Provinz Ostpreußen:

In den Städten Pillkallen und Rastenburg wird einheitlich verfahren, in den Fällen A und C durch Belassung, bei B durch Entziehung des Wahlrechtes. Die Fälle D a, b sind für Pillkallen hinsichtlich des Verlustes des Wahlrechtes belanglos, ebenso die Fälle E, b, 1 und 2, während Rastenburg das Wahlrecht in diesen Fällen entzieht. Im Fall E, a, 1 u. 2 verfahren beide Städte gleich (Wahlrecht geht verloren). Zwei ostpreußische Landgemeinden lassen Verlust des Wahlrechtes nur bei dauernder Unterstützung des Familienhauptes eintreten, ein Fall, der in der Gemeinde Drengfort noch nicht vorgekommen sein soll.

Provinz Westpreußen:

Die Städte Thorn, Danzig, Graudenz, Tiegenhof, Hammerstein, Elbing verfahren einheitlich nur in den Fällen zu A (Belassung des Wahlrechtes) und E, a, 1 (Verlust des Wahlrechtes); nahezu gleichmäßig in den Fällen C, b (Wahlrecht bleibt) und E, a, 2 und E, b, 2 (Verlust). In den Fällen zu B und E, b, 1 sind drei für Entziehung, drei dagegen. Für Elbing erscheint die Beantwortung der Fragen, wonach nur im Fall E, a, 1 das Wahlrecht dem Familienhaupt entzogen wird, nicht korrekt.

Von den vier Landgemeinden, deren Antworten vorliegen, entziehen Hoppenbruch und Schöneberg a. W. angeblich in allen Fällen, ausgenommen bei A (Schulgeld, Schulbücher) das Wahlrecht; die Gemeinde

Stegers entzieht es in den Fällen D bis E, a, b; die Gemeinde Prechlau nur in den Fällen E, a, b und auch nur, solange die Unterstützung dauert; doch scheinen auch hier die Antworten meist auf einer unrichtigen Auffassung der Fragen zu beruhen.

Provinz Posen:

In Bromberg bedingt jede Art der in Rede stehenden Unterstützungen den Verlust des Wahlrechts, ausgenommen der Fall A. In der Stadt Posen wird bei den Reichstags= bezw. Landtagswahlen verschieden verfahren. Während für jene alle fraglichen Unterstützungen, mit Ausnahme von Schulgeld und Schulbüchern, den Verlust des Wahlrechts nach sich ziehen, geschieht dies bei den Landtagswahlen nicht bei den Unterstützungen, wie sie bei A, B, C, E, a, b[1] angegeben sind. In Wongrowitz geht das Wahlrecht nur in den Fällen E, a, 2 und E, b, 1, 2 verloren, ebenso in Schildberg.

Von drei Posener Landgemeinden bemerkt Leckno, daß Fälle, wie sie ad C, D, E, b gefragt seien, bisher dort nicht vorkamen (?); in den Fällen zu B und E, a wird dort das Wahlrecht entzogen; ein gleiches Verfahren besteht auch in den Gemeinden Kuznicamysln (Kreis Schildberg) und Sopienno. —

Provinz Sachsen:

Von den vier antwortenden Stadtgemeinden Magdeburg, Erfurt, Jerichow, Löbejün entzieht Magdeburg in allen gefragten Fällen, ausgenommen bei A und E, b, 1 das Wahlrecht; Erfurt nur in den Fällen D, a, b und E, a, b, sodaß hier A, B und C nicht zum Verlust des Wahlrechtes führen; ähnlich verfährt Jerichow; bemerkt wird, daß Fälle zu B (Gewährung freier ärztlicher Behandlung, Arzenei rc.) seit vielen Jahren nicht vorgekommen seien (?). Die Stadt Löbejün entzieht nur in den Fällen C, a, E, a, 1 und 2 das Wahlrecht, unter Umständen auch in Fall B, d. h. bei längerer Dauer der Gewährung freier ärztlicher Behandlung. Von vier Landgemeinden, Wachstedt, Oberdorla, Giebichenstein und Parey a. Elbe verfahren erstere drei gleichmäßig, indem sie nur im Fall A von der Entziehung des Wahlrechtes absehen; Parey, wohl in falscher Auffassung der Fragen, beantwortet sie einheitlich mit „Nein" mit dem Hinzufügen, daß seit dem 22. November 1886 diese feste Praxis besteht (?). —

Provinz Schlesien:

Sieben schlesische Städte verfahren, abgesehen von Beuthen, welches die Fragen wohl falsch auffaßte, indem durchgängig mit „Nein" geantwortet

---

[1] Maßgebend ist dort folgender Magistratsbeschluß vom 1. Juli 1885: a) In die Reichstagswahllisten sind nicht aufzunehmen die Personen, welche in dem der Aufstellung der Listen vorangegangenen Jahre Unterstützungen aus öffentlichen Mitteln, gleichviel ob in Bar, Arzenei, Bekleidung erhalten, haben. Gleichgültig ist, ob die erhaltenen Unterstützungen inzwischen zurückerstattet sind oder nicht.

b) In die Stadtverordnetenwahllisten sind dergleichen Personen ebenfalls nicht aufzunehmen.

c) In die Landtagswahllisten sind nicht aufzunehmen diejenigen Personen, die zur Zeit der Aufstellung der Listen derartige Unterstützungen beziehen.

Für die Landgemeinden cfr. § 44 der Landgemeindeordnung vom 3. Juli 1891.

wird, ziemlich verschieden; Breslau[1] und Oberglogau entzieht in allen Fällen, A ausgenommen, das Wahlrecht; Görlitz läßt noch den Fall B unberücksichtigt, die Stadt Zobten am Berge noch den Fall C, a, b; in Glogau ist noch D, b irrelevant für den Verlust des Wahlrechts.

Von den Landgemeinden — sechs Antworten liegen vor — kamen in Kl.-Strehlitz (Oberschlesien) nur Unterstützungen ad A und B nicht in Betracht, in Saarau und Waldau tritt auch bei C kein Verlust des Wahlrechts ein, in Gr.-Beckern auch in Fall E, b, 1 und 2; in Deutsch-Rasselwitz erfolgt Verlust des Wahlrechtes nur in den Fällen E, a und b.

Provinz Westfalen:

Die Stadt Lünen entzieht angeblich in allen Fällen, auch bei Gewährung von Schulgeld, das Wahlrecht; daß im Fall A (Schulgeld) keine Berechtigung dazu vorliegt, ist u. a. bereits von Rönne, Preußisches Staatsrecht I, § 59, p. 290 wiederholt ausgesprochen. Die Städte Bielefeld und Ahaus lassen denn auch im Fall A keinen Verlust des Wahlrechts eintreten, Gütersloh gewährt noch eventl. freie ärztliche Behandlung, Arznei ohne nachteilige Folgen. Fälle, wie sie bei D 2, E, b, 1, 2 gefragt sind, sollen dort noch nicht vorgekommen sein. Von den Landgemeinden geht Lütgendortmund konform mit der Stadt Lünen, d. h. das Wahlrecht geht in jedem der gefragten Fälle verloren; die Landgemeinde Epe läßt Unterstützungen, wie sie in A, C, b, D, a, b in Frage kommen, unberücksichtigt, d. h. Wahlrechtsverlust tritt nur in den Fällen zu B, C, a und E ein.

Hohenzollern'sche Lande:

In der Stadt Sigmaringen tritt Verlust des Wahlrechts nur in den Fällen D, a, b und E, a, 2 ein; in der Landgemeinde Ostrach in den Fällen zu C, a, b; D, a; E, a, 1 und 2. —

Provinz Hannover:

In den Städten Hannover, Hildesheim, Northeim wird einheitlich verfahren, d. h. mit Ausnahme von A (Gewährung von Schulgeld), führen alle Armenunterstützungen bei sämtlichen auf Landesgesetzen beruhenden Wahlen zur Streichung des Familienhauptes in der Wahlliste; in der Stadt Esens soll dies auch bei Gewährung von Schulgeld und Schulbüchern geschehen, während in der Stadt Harburg bei den Landtagwahlen Streichungen wegen Bezuges von Armenunterstützungen überhaupt nicht eintreten.

Bei den Bürgervorsteherwahlen (Stadtverordnete) kommt für Hannover die Hannoversche Städteordnung vom 24. Juni 1858, § 83, Abs. 3, in Betracht: ausgeschlossen sind von der Ausübung der Wahl Frauenzimmer und diejenigen, die öffentliche Armenunterstützung erhalten oder in den letzten Jahren erhalten haben, bis diese erstattet ist.

Die Stadt Soltau i. H. verfährt nach folgenden Grundsätzen: Alle Personen, die aus öffentlichen Mitteln dauernd und wesentlich unterstützt werden, in Siechen- und Armenhäusern untergebracht sind, werden in keine Wahlliste, die stadtseitig aufgestellt wird, aufgenommen.

---

[1] In Breslau besteht diese Praxis erst seit sechs Jahren; früher fand eine regelmäßige Feststellung der gewährten Armenunterstützungen bei Aufstellung der Wählerlisten überhaupt nicht statt.

Arbeiter und Gewerbegehilfen, welche stadtseitig in Krankenhäusern verpflegt werden, sich in gesunden Tagen aber selbständig ernähren, werden in die Wahllisten aufgenommen.

„Sollten rechtliche Leute, welche sich selbständig ernähren, dadurch öffentlich unterstützt werden, daß etwa Familienglieder in Irren- oder Idiotenanstalten u. s. w. untergebracht werden, so tritt infolgedessen keine Beschränkung des Wahlrechts ein."

Bei sechs hannoverschen Landgemeinden, die überhaupt Auskunft erteilten, führt Schulgeldgewährung nicht zum Verlust des Wahlrechtes, ebensowenig vorübergehende Unterstützung eines minderjährigen Familiengliedes ohne eigenen U.=W. (C a). In der Gemeinde Marx ist ein solcher Fall ebensowenig wie C b, D a, D b und E b, 1, 2 bisher vorgekommen (?); einheitlich verfahren die Gemeinden in Fall C b, wo kein Verlust und in Fall E. a, 2, wo Verlust des Wahlrechts eintritt.

Abweichende Behandlung findet in Fall B, E, b, 1 und 2 statt. —

Provinz Hessen=Nassau[1]:

Von den Stadtgemeinden entzieht Kassel in allen gefragten Fällen mit Ausnahme von A und B das Wahlrecht; Wiesbaden rechnet auch die ad C gewährte Unterstützung nicht an; Herborn läßt nur bei Unterstützungen des Familienhauptes nach E, a, 1, 2 Verlust des Wahlrechtes eintreten; Hofgeismar berücksichtigt lediglich den Fall E, a, 1. Von den drei Landgemeinden Veifershagen, Niederscheld und Calden verfahren erstere zwei genau wie Hofgeismar, während Calden einen Verlust des Wahlrechts infolge von Armenunterstützung (A—E) überhaupt nicht kennt, was gegenüber den gesetzlichen Bestimmungen kaum zulässig erscheint. Für die Stadt Frankfurt a. M. hat der Magistrat unter dem 5. November, 10. Dezember 1889 und 20. Dezember 1892 folgende Beschlüsse gefaßt:

1. Personen, welche lediglich durch unentgeltliche Gewährung von Arzt und Arznei unterstützt wurden, oder die Angehörige haben, für die sie alimentationspflichtig sind, die aber seit mehr als einem Jahre in einer Krankenanstalt irgend welcher Art aufgenommen werden mußten, sind nicht mehr in der Liste der Wahlberechtigten zu streichen.

2. Bei Aufstellung der Wahllisten darf niemand berücksichtigt werden, der im letzten vergangenen Jahre vorübergehend oder dauernd in öffentlicher Armenunterstützung gewesen ist. Als vorübergehende Armenunterstützung gilt jedoch nicht die unentgeltliche Gewährung von Arzt und Arznei durch Vermittelung der öffentlichen Armenpflege. Als dauernde Unterstützung gilt nicht die Verpflegung eines Familienangehörigen des Wahlberechtigten, zu dessen Alimentation derselbe verpflichtet ist, wenn diese Verpflegung bereits

---

[1] Außer dem Reichstags= und Landtagswahlgesetz kommt die Kurhessische Gemeindeordnung vom 23. Oktober 1834 in Betracht, deren § 27 lautet: Die Stimmfähigkeit in der Gemeindeversammlung und die Wählbarkeit zu Gemeindeämtern ruht bei denjenigen Ortsbürgern, auf welche einer der Fälle unter 1—5 des § 26 zur Anwendung kommt (Bestrafung 2c.), welche in Kost und Lohn eines anderen stehen oder als Gesellen oder Tagelöhner sich ernähren oder welche von Unterstützung leben, solange dies Verhältnis dauert.

ein Jahr gedauert hat, ihr Endpunkt aber noch nicht abzusehen ist, da anzunehmen ist, daß ein Familienangehöriger, der in dieser Art dauernder Anstaltspflege bedarf, thatsächlich aus der Familie des Wahlberechtigten ausgeschieden ist.

3. Als Armenunterstützung des Familienhauptes soll es nicht angesehen werden, wenn Familienangehörige öffentlich unterstützt werden, nachdem sie wirtschaftlich auf die Dauer sich selbständig gemacht haben."

Provinz Rheinland:

Nach den Angaben von zehn rheinischen Städten wird dort das Wahlrecht gleichmäßig entzogen in den Fällen E, a, 1; E, a, 2 und E, b, 2; Gewährung von Schulgeld und Schulbüchern (A.) fällt nicht ins Gewicht, schwankend ist die Praxis in den übrigen Fällen. In Fällen D, a (dauernde Armenunterstützung eines Familiengliedes ohne eigenen Unterstützungswohnsitz, wenn dasselbe infolge von Krankheit voraussichtlich dauernd unterstützungsbedürftig ist) entziehen acht Städte das Wahlrecht, Düsseldorf[1] und Elberfeld belassen es; im Fall E, b, 1 belassen es ebenfalls acht Städte, Sobernheim und Kalk entziehen es. Am rigorosesten verfährt die Stadt Trier, die in allen gefragten Fällen mit Ausnahme von A Verlust des Wahlrechtes eintreten läßt; analog handeln die rheinischen Landgemeinden Hürth, Homberg, Bracht, Bellscheidt, während die Landgemeinden Winterburg, Daubach, Eckweiler, Gebroth, Ipperscheidt, Winterbach noch in den Fällen B; C, b; E, b, 1 vom Verlust des Wahlrechtes absehen.

Provinz Schleswig-Holstein[2].

Kiel und Oldesloe, weitere Antworten von schleswigschen Städten lagen nicht vor, verfahren bezüglich Entziehung des Wahlrechts gleichmäßig. Außer in den Fällen A und B wird das Wahlrecht stets entzogen; die Praxis soll nicht geschwankt haben. Von zwei Landgemeinden, Schiffbeck und Sande, läßt erstere nur den Fall A unberücksichtigt, während Sande nur in den Fällen E, a, b das Wahlrecht entzieht, allerdings giebt letztere Gemeinde zu, daß eine feste Praxis überhaupt nicht besteht.

---

[1] Nach der Städteordnung für die Rheinprovinz vom 15. Mai 1856 und der Verordnung über die Ausführung der Wahl der Abgeordneten für den Landtag vom 30. Mai 1849 sind (Art. 11) diejenigen Personen, welche Armenunterstützung aus öffentlichen Mitteln empfangen, nicht wahlberechtigt. Hiernach sind in Düsseldorf in den Listen für die Stadtverordneten- und Landtagswahlen stets die Personen gestrichen worden, welche zur Zeit der Aufstellung der Wählerlisten eine fortlaufende Armenunterstützung auf die Dauer von mehr als drei Monaten bezogen hatten. Bei den Reichstagswahlen werden in den Wahllisten alle diejenigen gelöscht, welche zur Zeit der Aufstellung der Wählerlisten eine fortlaufende Armenunterstützung bezogen oder seit Beginn des der Wahl vorhergegangenen Kalenderjahres schon einmal, wenn auch vorübergehend, eine fortlaufende Armenunterstützung bezogen hatten.
[2] Gesetz vom 14. April 1869, betreffend die Verfassung und Verwaltung der Städte und Flecken in der Provinz Schleswig-Holstein; § 7, 2 lautet: Jeder im Vollgenusse der bürgerlichen Ehrenrechte befindliche männliche Angehörige des Deutschen Reichs erwirbt das Bürgerrecht, wenn er seit einem Jahre 1. 2c. . . . 2. selbständig ist; als selbständig im Sinne des Gesetzes werden Personen 2c. . . . die eine nach ihrem 18. Lebensjahr erhaltene öffentliche Armenunterstützung nicht zurückerstattet haben, nicht angesehen.

Für das Königreich **Bayern** liegen nur von der Stadt München Antworten vor; es ergiebt sich daraus, daß dort bei den Reichstags- wie Landtagswahlen gleichmäßig verfahren wird, d. h. außer in den Fällen A und B (bei Gewährung von Schulgeld ꝛc. und ärztlicher Behandlung in offener Pflege) bedingt jede Armenunterstützung Verlust des Wahlrechts.

Die Regierung von Unterfranken und das Bezirksamt Dillingen lehnten Specialermittelungen ab; erstere bemerkt aber, daß als Armenunterstützungen, welche das Wahlrecht zum Reichs- und Landtage ausschließen, lediglich Unterstützungen im Sinne des Art. 10 des bayerischen Gesetzes über die öffentliche Armen- und Krankenpflege vom 29. April 1869 anzusehen sind, wozu die bloße Gewährung von Schulgeld und Lehrmitteln nicht gehören.

Nach Angabe des städtischen Einwohnermeldeamtes München kommen für das Wahlrecht noch in Betracht das Landtagswahlgesetz vom 4. Juni 1848 und 21. März 1881, welches in Art. 5, Ziff. 3 bestimmt:

„Ausgeschlossen vom Wahlrecht sind Personen, welche eine öffentliche Armenunterstützung beziehen oder in dem Zeitraum eines Jahres vor der öffentlichen Auslegung der Wählerlisten bezogen haben"; ferner im Art. 10: Wählbar zum Wahlmann ist jeder Staatsangehörige, der ꝛc. keinem der Ausschließungsgründe des Art. 5 unterliegt.

Art. 11: Wählbar zum Abgeordneten ist jeder Staatsangehörige, welcher ꝛc. keinem der Ausschließungsgründe des Art. 5 unterliegt.

Ministerialentschließung vom 24. März 1881, die erstmalige Herstellung der Wählerliste betr. IV, 3, c.

„Der dritte Ausschließungsgrund bezieht sich auf Personen, welche eine öffentliche Armenunterstützung genießen oder in dem Zeitraum eines Jahres vor der öffentlichen Auslegung der Wählerlisten bezogen haben.

Für das Königreich **Sachsen** antworteten fünf Stadt-, vier Landgemeinden. Gleichmäßig wird Frage A (Gewährung von Schulgeld) mit „Nein" beantwortet. Laut § 50 der Sächsischen Armenordnung vom 22. Oktober 1840 war zwar die Gewährung von Schulgeld Armenunterstützung, da die Hälfte des Schulgeldes aus der Armenkasse zu zahlen war. Aufgehoben wurde dies aber durch Gesetz vom 15. April 1886. Die Antworten auf die Fragen D, E, 1 und 2 stimmen dahin überein, daß in diesen Fällen Verlust des Wahlrechts eintritt. Abweichend lauten die Antworten bei der Gewährung ärztlicher Behandlung, Arznei (B) ꝛc., welche drei Stadt-, zwei Landgemeinden ohne nachteilige Rückwirkung auf das Wahlrecht gewähren, während Dresden, die Landgemeinden Plauen und Leutzsch das Wahlrecht entziehen. In Fall C, a tritt bei vier Stadt-, zwei Landgemeinden Verlust des Wahlrechtes ein; in Fall C, b bei drei Stadt-, einer Landgemeinde. Von gesetzlichen Bestimmungen kommen hier in Betracht: das sächsische Gesetz vom 3. Dezember 1868, § 2 (für die Landtagswahl) „ausgeschlossen vom Stimmrecht sind: c) Personen, welche öffentliche Almosen erhalten oder im letzten der Anordnung der Wahlen vorhergehenden Jahr erhalten haben."

Für die **Stadtverordnetenwahlen** ist maßgebend die rev. sächsische Städteordnung vom 24. Juli 1873; nach § 44 sind stimmberechtigt bei den Wahlen die Bürger mit Ausnahme der Frauenspersonen und derjenigen

a) welche öffentliche Armenunterstützung erhalten oder im Laufe der letzten zwei Jahre erhalten haben. —

Für das Königreich Württemberg liegen von vier Stadt-, fünf Landgemeinden Nachrichten vor über die bei den Landtagswahlen oder bei den sonst auf Landesgesetzen beruhenden Wahlen übliche Praxis hinsichtlich der Entziehung des Wahlrechts nach Empfang von Armenunterstützung. Gewährung von Schulgeld und Schulbüchern (A) wurde dem Familienhaupt nicht angerechnet[1], während die Fälle E, 2, a und b einheitlich zum Verlust des Wahlrechts führen. Freie ärztliche Behandlung u. s. w. (B) in offener Pflege bedingt in den Städten Backnang, Biberach, Pfullingen, nicht aber in Ellwangen Verlust des Wahlrechts; von den Landgemeinden entziehen Holzelfingen und Spiegelberg in diesem Fall das Wahlrecht, Betzingen und Rosenberg aber nicht; Ochsenhausen gewährt freie ärztliche Behandlung unter Belassung des Wahlrechtes, während es bei Gewährung von Arznei und Heilmitteln erlischt. In den Fällen C a, b; D a, b und E, 1 a und b tritt in der Mehrzahl der Gemeinden Verlust des Wahlrechtes ein. Die Landgemeinde Rosenberg entzieht angeblich nur im Fall D a, b (dauernde Unterstützung eines Familiengliedes ohne eigenen Unterstützungswohnsitz, wenn dasselbe infolge von Krankheit 2c. voraussichtlich dauernd unterstützungsbedürftig ist) das Wahlrecht.

Von gesetzlichen Bestimmungen kommen hierbei in Betracht das württembergische Gemeindeangehörigkeitsgesetz vom 16. Juni 1885 Art. 14 und Art. 4, 4 des Verfassungsgesetzes vom 26. März 1868:

„Ausgenommen vom Wahlrecht sind Personen, welche — abgesehen von einem vorübergehenden Unglücksfall — Armenunterstützung aus öffentlichen Mitteln beziehen oder im letzten der Wahl vorangegangenen Rechnungsjahr bezogen und diese zur Zeit der Wahl nicht wieder erstattet haben." —

In den Reichslanden steht die Einführung einer neuen Gemeindegesetzgebung bevor, von der vielleicht eine grundsätzliche Regelung der einschlägigen Fragen für Elsaß-Lothringen zu erwarten ist; zur Zeit ist, abgesehen von den Reichstagswahlen, für die Wahlen zum Gemeinderat, Kreistag und Bezirkstag maßgebend das organisatorische Dekret vom 2. Februar 1852 über die Wahl der Abgeordneten zum gesetzgebenden Körper, Art. 13 und 15 und das Gesetz vom 24. Januar 1873, betreffend die Bezirksvertretungen, Kreisvertretung und die Wahlen für den Gemeinderat[2].

Nach der für Elsaß-Lothringen noch geltenden Gesetzgebung zieht dauernde oder vorübergehende Unterbringung des Familienhauptes oder eines Familienmitgliedes in Irren-, Blöden-, Taubstummen-, Findel- oder Waisen-

---

[1] Nach Art. 21, Abs. 4 des Württ. Schulgesetzes vom 29. April 1836 bezw. Art. 3, Ziff. 5 des Gesetzes vom 5. November 1858 sind arme Kinder von Schulgeld frei zu lassen; nach Art. 17 des Gesetzes vom 29. April 1836 sind armen Kindern auch Schulbücher unentgeltlich zu liefern. Nach Art. 3, Abs. 2 des Württ. Ausführungsgesetzes zum Unterstützungswohnsitzgesetz vom 17. April 1873 und Ministerialverfassung vom 30. Mai 1873 ist dies nicht als Armenunterstützung zu betrachten.

[2] cfr. Die Gemeindegesetzgebung in Elsaß-Lothringen. Herausgegeben von v. Reichlin. 2. Aufl. Straßburg 1885.

anstalten eine Streichung in der Wahlliste nicht nach sich, ebenso nicht vorübergehende Verpflegung im Bürgerhospital; bei dauernder Aufnahme in der Hospitalpfründe findet allerdings Streichung in der Wahlliste statt (Straßburg). Hieraus erklärt sich auch, da die betreffenden gesetzlichen deutschen Bestimmungen unbekannt sind, wenn z. B. in der Stadt Metz und der Gemeinde Mittelbronn (Kreis Saarburg) die in dem Fragebogen gestellten Fragen sämtlich verneint werden, da die dort angegebenen Armenunterstützungen eben nicht als solche gelten, die den Verlust des Wahlrechts bedingen.

Für das Großherzogtum Mecklenburg-Schwerin — wo Landtagswahlen nicht in Frage kommen — geht die von der Stadt Plau und den Domanialbezirken Cordshagen, Lübsee, Zehmen und Jarmstorf erteilte Auskunft dahin, daß im allgemeinen einmalige, vorübergehende und geringfügige (?) Unterstützungen behufs Entziehung des Wahlrechts zu städtischen, bezw. Gemeindewahlen nicht berücksichtigt werden; erst wenn die Unterstützungen wiederholt bezw. dauernde werden, wird das betreffende Familienhaupt nicht mehr in die Wahllisten aufgenommen; nach dem Objekt der gewährten Unterstützung hat man nicht weiter unterschieden, ebenso nicht, ob die Unterstützung eine direkte oder indirekte des Familienhauptes war. Schulgeld, Schulbücher ꝛc. aus der Armenkasse gelten nicht als Armenunterstützung mit der Wirkung des Verlustes des Wahlrechts.

Für die Stadt Rostock kommt bezüglich der Wahlen der repräsentierenden Bürgerschaft das Statut vom 7. Mai 1887 in Betracht; nach Art. VII ist wahlberechtigt und wählbar jeder in der Stadt und deren Feldmark wohnende 25 Jahre alte Bürger. Ausgenommen sind, d. h. weder wahlberechtigt noch wählbar . . . 4. die, deren Bürgerrecht gesetzlich ruht. In der revidierten Verordnung, betreffend das Bürgerrecht, vom 17. Juli 1879 heißt es dann: I. diejenigen hiesigen, volljährigen, männlichen Einwohner, welche befähigt sein wollen zur Anteilnahme an der städtischen Verwaltung und Vertretung, müssen das Bürgerrecht gewinnen.

II. Ein Anrecht auf dasselbe hat jeder hiesige, der städtischen Jurisdiktion unterworfene Einwohner, welcher dem Staatsverband des Großherzogtums angehört, wenn er seit zwei Jahren hiesiger Einwohner ist, keine Armenunterstützung aus öffentlichen Mitteln empfangen und die städtischen Abgaben entrichtet hat . . . .

Für die mecklenburgischen Landgemeinden bestimmt die revidierte Gemeindeordnung vom 29. Juni 1869 in § 13, 3: „Ausgeschlossen von der Dorfsversammlung und von dem Recht, zu derselben zu wählen, sind . . . . e) Personen, welche Armenunterstützung genießen oder mit ihren Gemeindeabgaben länger als ein Jahr im Rückstande sind."

Nach den für das Großherzogtum Hessen von 5 Stadt- und 2 Landgemeinden vorliegenden Nachrichten, führt dort eigentlich nur der Fall D, a, b (dauernde Unterstützung eines Familienmitgliedes ohne eigenen Unterstützungswohnsitz, wenn dasselbe infolge Krankheit oder Gebrechen voraussichtlich dauernd unterstützungsbedürftig ist bezw. wenn das Familienhaupt nur einen Teil der entstandenen Kosten zahlt) zum Verlust des Wahlrechts, vereinzelt auch die Fälle E, a 1, 2 (in Kastel und Zornheim) und E, b 1, 2 (in Gießen, Darmstadt, Offenbach). Im allgemeinen werden nur solche Personen in den Wahllisten gestrichen (so in Mainz), welche für sich oder ihre Familie eine nicht bloß vorübergehende Armenunterstützung aus öffentlichen Mitteln zur Zeit der Wahl beziehen oder innerhalb des gesetzlich der Wahl vorausgehenden, durch Gesetz bestimmten Zeitraumes bezogen haben. Die Gewährung von Schulgeld, Schulbüchern wird überhaupt nicht, die Gewährung freier ärztlicher Behandlung, Arzenei nur ganz vereinzelt (z. B. in Zornheim) als Armenunterstützung gerechnet. Die in Betracht kommenden gesetzlichen Bestimmungen sind:

1. Das Hessische Landtagswahlgesetz, wonach vom Wahlrecht ausgeschlossen sind Personen, welche zur Zeit der Wahl zu ihrem Lebensunterhalt eine nicht bloß vorübergehende Unterstützung aus öffentlichen Mitteln beziehen, oder in den letzten, der Wahl vorangegangenen 12 Monaten bezogen haben.
2. Hessische Städteordnung, Art. 14: Die Stimmberechtigung erlischt für Personen, welche zur Zeit der Wahl zu ihrem Lebensunterhalt eine nicht bloß vorübergehende Armenunterstützung aus öffentlichen Mitteln beziehen oder in den letzten der Wahl vorangegangen 12 Monaten bezogen haben.

Für Mecklenburg-Strelitz antwortete nur die Stadt Fürstenberg, wo, bei auf Landesgesetzen beruhenden Wahlen, in den Fällen C, a; D, a und E, a das Wahlrecht dem Familienhaupt entzogen wird.

Bemerkt wird noch, daß die Aufnahme in die Wahlliste wieder erfolgt, sobald das Familienhaupt die erhaltene Armenunterstützung erstattet hat.

Im Fall D, a (dauernde Unterstützung eines Familienmitgliedes ꝛc.) tritt Verlust des Wahlrechts nach § 20, b der Stadtordnung vom 27. Juni 1883 ein: wenn das Familienoberhaupt wegen Armut von städtischen Lasten und Abgaben befreit ist.

Im Großherzogtum Oldenburg stimmen die gegebenen Antworten dahin überein, daß in 2 Stadt- und 2 Landgemeinden in allen gefragten Fällen, mit Ausnahme von A, Verlust des Wahlrechts eintritt.

Für die Gemeindewahlen kommt die revidierte Gemeindeordnung vom 15. April 1873 in Betracht; nach Art. 5 § 1 besteht das Gemeindebürgerrecht in dem Recht der Teilnahme an den Wahlen. Art. 6: Das Gemeindebürgerrecht geht verloren 1. . . . . 2. . . . 3. durch Unvermögenheit zum Beitrag zu den Gemeindelasten.

Im Herzogtum Braunschweig, für welches die Städte Braunschweig, Helmstedt und die Gemeinde Jerxheim Auskunft gaben, führen nur die Fälle D, a, b und E, a 1 und 2 zum Verlust des Wahlrechts; die Stadt Braunschweig läßt auch in diesen Fällen keine Schmälerung des Wahlrechts eintreten (?).

Nach § 15 und 17 der Braunschweig. Städteordnung steht indessen nur denen ein Wahlrecht zu, welche im letzten Jahre vor der Wahl die ihnen auferlegte Grundsteuer bezahlt haben.

Im Herzogtum Sachsen-Altenburg wird das Wahlrecht einheitlich nur in den Fällen E, a, 1 und 2 (Armenunterstützung des Familienhauptes) von 3 Gemeinden entzogen; in allen anderen Fällen bleibt das Wahlrecht bestehen; nur in der Stadt Ronneburg geht auch in den Fällen C, a; D, a, b und E, b 1 und 2 das Familienhaupt des Wahlrechts verlustig.

Im Herzogtum Anhalt soll in fast allen in Rede stehenden Fällen, auch bei Gewährung von Schulgeld ɔc. (Stadt Oranienbaum) und freier ärztlicher Behandlung das Wahlrecht dem Familienhaupt entzogen werden.

Für Sachsen-Coburg antwortete nur eine Landgemeinde; es sollen dort nur in den Fällen ad C, a, b und E, a, 1 und 2 das Wahlrecht belassen werden, in den Fällen ad A und B tritt Verlust des Wahlrechtes ein, wenn die betreffende Art der Unterstützung dauernd stattfindet.

Für Sachsen-Meiningen[1] führen nach den von 2 Stadt- und 1 Landgemeinde vorliegenden Antworten unbedingt nur die Fälle E, a, 1 und 2 zum Verlust des Wahlrechts; in der Stadt Meiningen auch die Fälle E, b, 1 und 2; in der Gemeinde Liebenstein außerdem die Fälle B und C, a.

Nach den Angaben von 2 Landgemeinden, Hermannsgrün und Jochwitz, wird in Reuß ä. L. das Wahlrecht einheitlich nicht entzogen in Unterstützungsfällen wie sie ad A und E, b, 1 und 2 in Frage kommen; einheitlich entzogen wird es in den Fällen ad B, D und E, a; schwankend ist die Praxis in den Fällen zu C; bemerkt wird, daß im Fall der Erstattung einer Unterstützung die gewährte Unterstützung an sich den Verlust des Wahlrechtes nicht bedingt.

Für Schwarzburg-Rudolstadt findet den eingegangen Antworten zufolge einheitliche Behandlung der gestellten Fragen nur im Fall A und E, a, b statt; in ersterem wird das Wahlrecht belassen, in den beiden letzten Fällen entzogen; die Fälle zu B, C und D behandelt die Stadt Blankenburg so, daß sie in Fall B das Wahlrecht entzieht, sobald die Unterstützung dem Familienhaupt im Wege der ordentlichen Armenpflege gewährt wird; in den Fällen C und D das Wahlrecht beläßt; die Landgemeinde Volkstedt beläßt in Fall B dagegen das Wahlrecht, entzieht es im Fall D[2].

---

[1] Das Gesetz über das Gemeindewesen vom 11. März 1848 bestimmt: Art. 17, 7 u. 8: Das Gemeinderecht umfaßt .. das Stimmrecht in der Gemeindeversammlung und das Recht der Teilnahme an den Gemeindewahlen. Art. 29, 1: Die in Art. 17, 7 u. 8 bemerkten Rechte ruhen während der Abwesenheit eines Bürgers. „Von der Ausübung dieser Rechte sind ausgeschlossen: 1. Gemeindemitglieder die der Lokalarmenversorgung anheimgefallen sind, so lange diese anhält."

[2] Für die Gemeindewahlen bestimmt die Gemeindeordnung für das Fürstentum Schwarzburg vom 9. Juni 1876, Art. 40: Das Stimmrecht ruht so lange als der Stimmberechtigte: . . . . . 2. öffentliches Almosen, sei es an Geld, Kost oder Wohnung ɔc. empfängt.

Das Wahlgesetz für den Landtag des Fürstentums Schwarzburg-Rudolstadt vom 16. November 1870 schreibt in § 3, 3 vor:

„Von der Berechtigung zum Wählen sind ausgeschlossen ... 3. Personen, welche eine Armenunterstützung aus öffentlichen oder Gemeindemitteln beziehen, oder im letzten der Wahl vorhergegangenen Jahre bezogen haben."

Im Fürstentum Walbeck-Pyrmont ruht nach § 18 der Waldeckschen Gemeindeordnung vom 15. Aug. 1855 das Recht zur Teilnahme an Gemeindewahlen, wenn der dazu berechtigte „rezipierter Armer" ist (d. h. der Betreffende muß in die Ortsarmenliste eingetragen und aus öffentlichen Armenfonds oder Gemeindemitteln unterstützt sein). Der eine für Waldeck beantwortete Fragebogen spricht sich dahin aus, daß keiner der in Frage kommenden Fälle zum Verlust des Wahlrechtes führt (?).

Für Bremen kommen die Wahlen zur Bürgerschaft in Betracht; nach § 2 des Gesetzes, die Bürgerschaft betreffend, vom 1. Januar 1894 sind von der Wahlberechtigung und Wählbarkeit ausgenommen . . . . g) Personen, die eine Armenunterstützung aus öffentlichen Mitteln beziehen oder im letzten, der Wahl vorhergehenden Jahre bezogen haben.

Bei den Wahlen zum Gewerbegericht (Verordnung wegen Ausführung des Gesetzes vom 6. Mai 1892, betr. das Gewerbegericht in Bremen) kommen nach § 4 nur Arbeitgeber und Arbeiter in Betracht, welche in dem der Wahl vorhergehenden Jahr für sich oder ihre Familie Armenunterstützung aus öffentlichen Mitteln nicht empfangen oder die empfangenen Unterstützungen erstattet haben.

Aus den für 2 Landgemeinden, Hastedt und Woltmershausen ausgefüllten Fragebogen ergiebt sich, daß Hastedt bei jeglicher Art der in Frage kommenden Unterstützung das Wahlrecht entzieht, während Woltmershausen Schulgeld und Schulbücher ohne nachteilige Folgen für das Wahlrecht des Familienhauptes gewährt.

Über das Verfahren im Staat Hamburg betreffs der Wahlentziehung infolge von Armenunterstützung sprechen sich die Stadt Bergedorf und die Landgemeinde Curslack im Anschluß an die Fragebogen aus, während der damalige Leiter der Allgemeinen Armenanstalt Hamburg einmal sich gutachtlich de lege ferenda äußert, sodann die Hamburger Praxis schildert.

In der Stadt Bergedorf bewirkt keine der bei A—E in Frage kommenden Unterstützungen den Verlust des Wahlrechts. Nach dem Wahlgesetz für die Wahlen zur Bürgerschaft vom 12. Januar 1880 mit den Abänderungen vom 10. Mai 1889, 4. Januar 1892 und 22. Juni 1894 sind (§ 2) von der Ausübung des Wahlrechts ausgeschlossen 2. diejenigen, welche keine Einkommensteuer bezahlen oder zur Zeit der Ausschreibung der Wahlen mit derselben im Rückstande sind.

Für Bergedorf schreibt das Gemeindestatut der Stadt Bergedorf vom 20. März 1879 in § 6 für die Wahlen zu Bürgervertretern vor: ausgeschlossen vom Wahlrecht sind . . . diejenigen, welche seit einem Jahr mit Entrichtung der Gemeindeabgaben im Rückstande sind.

Zu den einzelnen Fragen A—E wird folgendes bemerkt: A. (Schulgeld, Schulbücher) gilt hier nicht als öffentliche Unterstützung; sollte es auch nirgends nach der gegenwärtig herrschenden Auffassung von der Verpflichtung des Staates zur Gewährung von Schulunterricht[1]. B. Ge-

---

[1] Wir haben bereits erwähnt, daß der Reichstag sich wiederholt in diesem Sinne ausgesprochen hat; vgl. auch die früher angeführten Citate bei Rönne, Preußisches Staatsrecht I, § 59 S. 240 ff.

währung ärztlicher Behandlung u. s. w. wird unter dem Gesichtspunkte der öffentlichen Gesundheitspflege ausgeschieden werden können, jedoch nur, soweit es sich in der That um Arzeneien und Heilmittel im engeren Sinne handelt. C. Die Unterstützung eines Familienmitgliedes wird sowohl in den Fällen der vorübergehenden wie der dauernden Unterstützung als eine solche des Familienhauptes zu gelten haben, sofern dieses Mitglied nicht vor dem Beginn der Unterstützung thatsächlich wirtschaftlich selbständig gewesen und nur für die Dauer der Bedürftigkeit in den Haushalt des Familienhauptes zurückgekehrt ist; dagegen würde jede Unterstützung, die einem thatsächlich außerhalb des Haushalts stehenden Familiengliede gewährt wird, dann angerechnet werden müssen, wenn das Familienhaupt nährpflichtig ist.

In Fall D wird an und für sich öffentliche Armenunterstützung anzunehmen sein, indessen sprechen Billigkeitsgründe dafür, daß dauernde Anstaltspflege dem Familienhaupt nicht angerechnet wird. Ob die vollen oder nur ein Teil der Kosten erstattet wird, dürfte hier keinen Unterschied machen.

E, 1. Wo die Naturalunterstützung als eine von der Armenverwaltung vorübergehend veranstaltete Wohlfahrtseinrichtung erscheint, wird sie billigerweise nicht zu den öffentlichen Unterstützungen zu rechnen sein, wohl aber, wenn sie einen regelmäßigen Bestandteil der öffentlichen Unterstützungen bildet und die Unterstützung, etwa wegen der Befürchtung unwirtschaftlicher Verwendung statt in Geld in Naturalien geschieht.

E, a 2. Die Unterbringung in einem Armenhause wird immer als öffentliche Unterstützung zu betrachten sein.

Was dagegen die Unterbringung in einem Krankenhause betrifft, so wird es einem vielfach befolgten Billigkeitsprincip entsprechen, die vorübergehend statt in offener in geschlossener Pflege gewährte ärztliche Behandlung der zu B gewährten Hilfeleistung gleichzustellen und die Unterbringung nicht als Unterstützung anzurechnen.

Zu Nr. IV (Erstattung der Kosten 2c.). Jeder, der öffentliche Unterstützung in Hamburg nachsucht, wird mit den Voraussetzungen öffentlicher Armenunterstützung, wozu auch der Verlust des Wahlrechts gehört, durch Vorlegung eines bezüglichen Formulars[1] zur Unterschrift bekannt gemacht. Ergiebt die Aktenlage, daß auf Erstattung nicht zu rechnen ist, was namentlich auch dann angenommen wird, wenn ein vorübergehend Unterstützter, oder aus dem Krankenhaus Entlassener für eine große Familie zu sorgen hat, so bleibt die Angelegenheit auf sich beruhen; hierüber wird nicht principiell, sondern von Fall zu Fall entschieden.

Aus Billigkeitsgründen wird sich empfehlen, in den Fällen, in welchen die Erstattung binnen einer näher festzustellenden Frist begonnen bezw. vollendet ist, von der Anrechnung abzusehen; ohne Willkür wird allerdings eine derartige Praxis nicht bleiben.

---

[1] Der betr. Passus lautet: „Männliche, über 25 Jahre alte Personen verlieren ihr Wahlrecht, wenn sie in dem Jahre der Wahl oder im nächstvorhergehenden Jahre Unterstützung für sich oder ihre Angehörigen empfangen haben. Das Wahlrecht geht jedoch nicht verloren, wenn die Erstattung der Unterstützung versprochen und vor Beginn der Wahl wirklich erfolgt."

Allgemein bemerkt der Leiter der Hamburger Armenanstalt weiter, daß jede Gabe, welche aus öffentlichen Mitteln durch die Armenverwaltung in offener oder geschlossener Pflege gewährt wird, an und für sich als öffentliche Unterstützung im Sinne der Reichsgesetze zu betrachten ist; es gehören also principiell auch freie ärztliche Behandlung, Arzenei 2c., vorübergehende und dauernde Unterstützung von wirtschaftlich nicht selbständigen Familiengliedern, gleichgültig, ob es sich um offene oder geschlossene Pflege handelt, sowie endlich die Gewährung von Naturalien zu den öffentlichen Unterstützungen.

Der Gesichtspunkt der verschuldeten und unverschuldeten Bedürftigkeit wird nur mit Vorsicht herangezogen werden können, da das Gesetz diesen Unterschied nicht macht[1] und deswegen nicht machen will, weil es von der Auffassung ausgeht, daß jeder, der aus eigenen Mitteln den zum notdürftigen Lebensunterhalt erforderlichen Bedarf nicht aufbringen kann und deswegen die Mittel der Gemeinschaft in Anspruch nehmen muß, für die Dauer des Empfanges solcher Mittel bezw. für eine bestimmte Zeit danach nicht zur Ausübung des Wahlrechts fähig sei. Es würde hier gerade sehr bedenklich sein, der Willkür Spielraum zu lassen, weil leicht bei Würdigung der Armutsursachen der Schwerpunkt aus der gesetzlichen Vorschrift in das administrative Gefallen verlegt werden könnte. Ebensowenig dürfte principiell zu verneinen sein, daß die nachträgliche Rückerstattung einen Unterschied in der Beurteilung macht. Die Armenunterstützung gilt in jedem Fall nur als Vorschuß und der Umstand, daß die unterstützten Personen zur Zeit des Empfanges der Unterstützung thatsächlich der Mittel entbehrten, welche zu ihrem bezw. ihrer Angehörigen Unterhalt erforderlich waren, wird dadurch nicht verändert, daß sie nachträglich in den Besitz der Mittel gelangten, um den Vorschuß zurückzuzahlen.

Auszunehmen hiervon sind nur diejenigen Fälle, in denen es sich nicht sowohl um den Mangel, als um Nichtliquidität der Mittel handelt, d. h. solche Fälle, in denen eine Kasse, Versicherungsanstalt, Gemeindebehörde u. s. w. zur Zahlung verpflichtet war, aber die Zahlung durch schwebende Ermittelungen verzögert wurde.

Allerdings erscheint es nicht angängig, die angedeuteten Principien in ihrer vollen Schärfe durchzuführen.

In Lübeck sind nach Art. 3 der Verfassung der freien Hansestadt Lübeck vom 7. April 1875 von der Ausübung des Wahlrechts bei den Bürgerschaftswahlen diejenigen ausgeschlossen, welche eine Armenunterstützung aus öffentlichen oder Gemeindemitteln beziehen, oder im letzten, der Wahl voraufgegangenen Kalenderjahre bezogen haben. Die Erstattung hebt den einmal eingetretenen Verlust des Wahlrechts nicht auf; es werden also auch die Personen, welche die Unterstützung erstatten, in den Wahllisten gestrichen. Nach Senatsverfügung vom 21. Januar 1885 und 25. August 1886 wird Gewährung freien Schulunterrichts, von Schulbüchern nicht als Armenunterstützung gerechnet; wohl aber wird seit 21. Jan. 1885 freie ärztliche Behandlung

---

[1] Nach den vorliegenden Antworten wird zwischen verschuldeter und unverschuldeter Bedürftigkeit in den von uns befragten Gemeinden nicht unterschieden.

durch die Armenärzte, auch wenn der Kranke die Medizin selbst bezahlt, als Armenunterstützung betrachtet; vor dieser Zeit war es nicht der Fall.

Konfirmierte, nicht armenmündige Kinder werden als wirtschaftlich selbständig angesehen, so daß deren Unterstützung eine Streichung des Familienhauptes in den Wahllisten nicht zur Folge hat.

Überblicken wir das gesamte Material, so müssen wir konstatieren, daß das bei den Reichstagswahlen hinsichtlich der Entziehung des Wahlrechts infolge von Armenunterstützung sich zeigende ungleichartige Verfahren, in noch weit größerem Umfang bei den auf Landesgesetz beruhenden Wahlen eintritt, ja daß nicht einmal in den einzelnen Landesteilen desselben Landes, z. B. in Preußen, gleichmäßig verfahren wird. Umsomehr ist eine einheitliche Ausgestaltung geboten und zu wünschen, daß die Vorschläge unserer Kommission dazu führen mögen, daß namentlich im Reich, wo einheitliches Wahlrecht herrscht, Einheitlichkeit hinsichtlich der Belassung bezw. des Verlustes desselben bei Armenunterstützung Platz greife.

Berlin, im Februar 1896.

Pierer'sche Hofbuchdruckerei Stephan Geibel & Co. in Altenburg.

Printed by Libri Plureos GmbH
in Hamburg, Germany